그레타 툰베리

그레타 툰베리

소녀는 어떻게
환경운동가가 되었나?

알렉산드라 우리스만 오토 글

로저 튜레손 사진

신현승 옮김

차례

책을 펴내며

희망의 기미는 보이지 않았다

내가 그레타를 처음 만난 때는 '기후를 위한 학교 파업' 9주째 무렵이었다. 2018년 10월의 어느 날 여러 겹의 옷을 껴입고, 뜨개질한 모자와 따뜻한 장갑을 끼고 있는 그레타를 만났다. 우리는 스웨덴 국회의사당 건물 밖 차가운 자갈밭 위에 앉아 있었다. 추웠지만 걸터앉을 만한 것이 전혀 없었다. 나는 그레타에게 독자들과 공유할 만한 기후 정보를 알려 줄 수 있는지 물어보았다. 그동안 변호사로서 〈다겐스 니헤터〉(스웨덴의 주요 일간지)를 위해 범죄 사건을 조사하거나 정치인들을 인터뷰한 적은 있었지만 기자 역할은 처음이었다. 지금은 신문사에서 가장 뛰어난 사진기자 중 한 사람인 로저 튜레손과 함께 땋은 머리를 한 열다섯 살짜리 조용한 소녀에 대해 이야기하는 중이었다. 로저는 내가 태어나기 훨씬 전부터 지구촌 곳곳을 누비며 분쟁지역의 대통령 선거나 사건, 사고 등을 취재해 온 베테랑이었다.

결론적으로 그레타의 가르침을 받는 대신 직접 조사에 나섰는데, 우리 회사의 편집자들이 활동가의 메시지가 아닌 사실 전달의 중요성을 상기시켜 주었기 때문이다. 기후 과학 학술지와 관련 기사들을 꼼꼼히 찾아보았고, 최종적으로 전 세계적인 기후 위기 운동을 촉발하고 이끈 스웨덴 십 대에 주목하는 기사를 완성할 수 있었다. 물론 그것만으로 기후 문제에 관한 독자들의 지식을 향상시킬 수는 없었다.

로저와 나는 지속적으로 그레타와 연락을 주고받았다. 덕분에 본격 여행에 나선 그레타와 동행하는 특권을 누릴 수 있었고, 그레타를 따라 런던, 함부르크, 리스본, 마드리드에 갔다. 노스다코타, 네브래스카에도. 우리는 그레타와 더 많은 인터뷰를 할 수 있었고, 책을 쓰기 시작했다. 이제껏 환경과 기후에는 별 관심이 없었지만 그레타를 이해하려면 그 문제 또한 이해하고 있어야 한다는 사실을 깨달았다. 그해 여름 그레타가 대서양 횡단을 준비하는 동안 나는 로슬라겐의 먼지투성이 길을 따라 유모차를 밀며 기후 오디오북을 들었다.

가을이 되어 사무실로 돌아오자마자 모니터링의 범위를 더욱 넓혀 갔다. 이전의 조사가 스웨덴 신문과 공영 방송에 전적으로 의존했다면 이때부터는 전 세계 기후학자의 트위터를 팔로우하고 그들이 공유한 기사를 읽어 나가는 식이었다. 기후와 환경 문제를 다루는 다양한 뉴스레터를 신청하고 스웨덴과 세계 각국의 뉴스 특보를 모니터링했다. 오직 기후에만 초점을 맞춘 국제 뉴스가 새로운 정보원이었다. 그런 뉴스에는 끊임없이 위기 상황이 등장했는데, 한국의 해변에는 폭풍우가 몰아치고, 아프리카 북동부 지역에는 가뭄이 이어졌다. 호주에서는 산불을 피해 사람들이 바다로 도망쳤고, 북극 영구동토층에서는 메탄 거품이 새어 나왔다. 매주 새로운 과학 보고서가 발표되었지만 그 어디에서도 희망의 기미는 보이지 않았다. 시계는 어디에서나 쉴 새 없이 움직였다. 이러한 현실은 지금껏 우리 신문사나 스웨덴의 다른 매체들이 묘사해 오던 것이 아니었다. 국제 언론사도 마찬가지였다. 그 실체를 제대로 파악하려면 결국 직접 찾아낼 수 밖에 달리 방도가 없었다. 가끔 날씨와 관련된 사건이나 과학적 발견이 뉴스에 등장한 적도 있었지만 위기 상황에 초점을 맞춘 보도는 아니었다. 마치 기후 위기 그 자체가 존재하지 않는 듯했다. 처음 몇 달간은 뿌연 안개 속을 돌아다니는 기분이었다.

미국에 있는 그레타 일행에 합류하기 위해 로저와 함께 떠나기 직전 어느 날 오후였다. 유치원에서 놀고 있는 쌍둥이가 창문으로 보였다. 쌍둥이는 분장 놀이를 하고 있었다. 머리에 중산모를 쓰고 큼지막한 서류가방을 든 아들이 딸에게 말했다. 빵집 모자를 쓴 딸아이는 직접 만든 목걸이를 하고 있었다.

"난 지금 일하러 갈 거야, 안녕!"

나는 그 자리에 서서 온실가스 예상 배출량과 아이들의 나이를 토대로 계산하기 시작했다. 저 아이들이 실제로 노동 인구로 분류될 때 세상은 어떤 모습일까? 온실가스 배출량이 현 수준을 유지할 경우 2040년 직전 그 수치가 파리협정 상한선에 도달한다. 그렇게 되면 지구의 평균기온이 산업혁명 이전에 비해 2도 가량 상승하는데, 연구자들이 강력하게 1.5도 이하의 상승폭을 유지해야 한다고 주장하는 마지노선이 바로 이 시점이었다.

한동안 아이들이 창문을 두드린 듯했다. 아이들의 손바닥은 이미 발갛게 달아 올라 있었다. 퇴근 시간이었다. 도심 하늘을 가로지르는 비행기가 남긴 하얀 선을 가리키면서 아이들과 함께 집까지 걸어갔다. 음식 배달 스쿠터가 지나가면서 햄버거와 휘발유 냄새를 풍겼다. 인도를 따라 죽 늘어선 광고판들이 가을에 꼭 필요한 물건들을 사러 오라며 행인들을 유혹했다.

그다음 주 로저와 나는 비행기에 올랐다. 대서양 건너편에서 계속되고 있는 그레타의 여정에 동참하기 위해서였다. 그레타가 유엔에서 연설을 하고, 수백 만 명의 아이들과 젊은이들이 거리 시위에 나서면서 기후 운동에 탄력이 붙기 시작하던 때였다. 하지만 여전히 이해하기 힘든 의문이 있다. 어떻게 이렇게 짧은 시간에 그토록 많은 변화가 일어날 수 있을까?

그레타의 여정

2018

8월 20일, 스톡홀름
그레타가 처음으로 학교 파업을 시작하고
스웨덴 총선까지 매주 평일에
파업하기로 계획

9월 7일, 스톡홀름
선거 전 마지막 파업. 그다음 날
매주 금요일 학교 파업을 이어 간다고 발표

10월 5일, 헤이그
처음으로 해외에서 금요일 학교 파업

10월 6일, 브뤼셀
유럽의회 밖에서 열린 '기후를 위한 봉기'
행사에서 연설

10월 20일, 헬싱키
핀란드의 헬싱키 원로원 광장
에서 약 1만 명의 사람들 앞에서 연설

10월 31일, 런던
의회 광장에서 열린 첫 번째 대규모 집회
'멸종 저항'에서 연설

11월 24일, 스톡홀름
TEDx에서 연설.

12월 12일, 카토비체
폴란드에서 열린 COP25(제25차 유엔기후변화
협약 당사국총회)에서 연설

2019

1월 25일, 다보스
스위스 알프스에서 열린
세계경제포럼에서 연설.
"여러분의 집에 불이 난 것처럼
행동해 주길 바랍니다. 왜냐하면
정말 불이 났기 때문입니다."

2월 21일, 브뤼셀
시위에 참여해 유럽경제사회위원회
앞에서 연설

2월 22일, 파리
프랑스 수도 파리에서 파업 시작

2월 28일, 앤트워프
벨기에 앤트워프에서
목요일 파업 시작

3월 1일, 함부르크
독일 북부에서 파업

3월 15일, 전 세계
350.org에 따르면, 전 세계 2000여 곳에서
160만 명 이상이 파업 시작

3월 29일, 베를린
독일 TV 영화 갈라 행사에서 특별상
수상을 계기로 베를린에서도 파업을 시작

4월 16일, 브뤼셀
유럽의회 환경위원회에서 연설

4월 17일, 바티칸
성 베드로 광장에서
프란체스코 교황과 만남

4월 18일, 로마
이탈리아 의회에서 연설

4월 19일, 로마
포폴로 광장에서
금요일 파업

4월 23일, 런던
영국 의회에서 연설

5월 1일, 루드비카
나치북 유럽저항운동에 반대하는
시위에 참여

5월 15일, 코펜하겐
덴마크 수도에서 열린
'민중의 기후 행진'에 참여한
4만여 명 앞에서 연설

5월 24일, 전 세계
'미래를 위한 금요일'에서
전 세계 1600여 곳에서 100만 명 이상이
제2차 글로벌 학교 파업에 동참했다고 발표

5월 28일, 빈
오스트리아세계정상회의에서
연설

5월 31일, 빈
약 3만 5000명과 함께 파업 시작

6월 12일, 쇠데르텔리에
종합학교 졸업

6월 13일, 스톡홀름
브릴리언트 마인즈
컨퍼런스에서 연설 후 버락 오바마
전 미국 대통령과 처음으로 만남

7월 19일, 베를린
독일의 수도에서 첫 파업 시작

7월 21일, 캉
노르망디에서 '올해의 자유상'
수상 직후 디데이의 참전 용사
찰스 노먼 셰이와 만남

7월 23일, 파리
프랑스 국회에서 연설

8월 2일, 스톡홀름
대서양 횡단 전 스톡홀름에서 마지막 파업

8월 9일, 로잔
유럽 전역에서 찾아온 '미래를 위한 금요일'
활동가들과 함께 스위스에서 파업 시작

8월 10일, 함바흐 숲
한 기업이 갈탄을 채굴하기 위해 벌목
계획을 세우자 숲에서 살아가는
무단 거주자들을 방문

8월 14일, 플리머스
대서양 횡단의 첫 여정 시작

8월 28일, 뉴욕
맨해튼 항구에 정박

8월 30일, 뉴욕
유엔 빌딩 밖에서 파업 시작

9월 13일, 워싱턴 DC
미국 의회에서 증언, 연설

9월 20일, 뉴욕과 전 세계
주최 측 추산, 약 25만 명과 함께 뉴욕에서
파업 시작

9월 27일, 몬트리올과 전 세계
퀘벡주 몬트리올에서 약 50만 명과 함께
파업 시작. 주최 측 추산, 9월 20일부터
27일까지 700만 명 이상이 파업에 동참

**10월 1일, 퀘벡, 온타리오, 시카고,
아이오와 시티, 래피드 시티**
고래를 보기 위해 온타리오의
타두삭으로 잠시 우회
아이오와 시티에서 금요일 파업 진행.
파인리지와 스탠딩록 보호구역을
방문하는 대륙 횡단 여정 시작

10월 11일, 덴버
콜로라도주 덴버에서 파업 시작 후
전기차로 와이오밍, 아이다호, 몬태나 여행

10월 18일, 에드먼턴
애버타주 에드먼턴에서 파업

10월 24일, 재스퍼 국립공원
재스퍼 국립공원 방문, BBC 녹화 참여

10월 25일, 밴쿠버
브리티시컬럼비아주 밴쿠버에서 파업

11월 1일, 로스앤젤레스
캘리포니아주 로스앤젤레스에서 파업

11월 8일, 샬롯
노스캐롤라이나주 샬롯 파업

11월 13일, 노퍽
북미를 떠나 석 달 만에
두 번째 대서양 횡단 시작

**11월 15일, 북위 33도 44분
서경 72도 23분**
바다에서 파업

**11월 22일, 북위 36도 54분
서경 51도 49분**
바다에서 파업

**11월 29일, 북위 42도 19분
서경 25도 03분 그리고 전 세계**
바다에서 파업
'지구 봉기' 대변인에 따르면,
전 세계에서 약 200만 명의 사람들이 동참

12월 3일, 리스본
쌍동선 요트인 라 바가본드 호를 타고
리스본 도착

12월 6일, 마드리드
주최 측 추산 마드리드에서 50만 명의
사람들과 파업 시작

12월 11일, 마드리드
제25차 유엔기후변화협약
당사국총회에서 연설.
〈타임〉지 발표 '올해의 인물'에 선정

12월 13일, 토리노
이탈리아의 토리노 시에서 파업 시작

12월 15일, 스톡홀름
집에 도착

12월 20일, 스톡홀름
스웨덴 국회의사당 앞에서
또다시 파업 시작

2020

1월 17일, 로잔
스위스 로잔에서 파업 시작

1월 21일, 24일, 다보스
스위스 다보스에서 열린
세계경제포럼에서 연설, 파업

2월 7일, 요크모크
사프미주 요크모크에서 파업 시작

2월 14일, 전 세계
주최 측 추산 약 2000여 개 도시에서
글로벌 파업 돌입.
스톡홀름에서 파업 계속

**2월 21일 ~ 3월 11일, 함부르크,
옥스퍼드, 브리스톨, 브뤼셀**
함부르크에서 파업.
옥스퍼드에서 말랄라 유사프자이와 만남.
브리스톨에서 파업.
브뤼셀에서 유럽위원회 및 유럽의회
앞에서 연설.
3월 6일, 브뤼셀에서 파업

3월 13일
코로나 바이러스가 북유럽에 도달한 이후
쿵스홀멘의 아파트 안에서 파업 시작.
"82주차 학교 파업. 위기 상황에서 우리는
행동을 바꾸고, 사회의 더 큰 이익을 위해
새로운 환경에 적응한다."

국회의사당 앞 파업 중인 곳에서
점심을 먹고 있는 그레타

2018년 11월 2일 스웨덴 스톡홀름

01

결정

2018년 6월 4일

그레타는 스톡홀름 쿵스홀멘에 있는 위층 거실로 컴퓨터를 가져왔다. 타는 듯이 더웠던 2018년 여름으로 막 접어들 무렵이었다. 스웨덴의 숲에서 산불이 맹위를 떨치고, 남부 유럽에 폭염이 들이닥치기 전이었다. 그 열기에 목숨을 잃은 사람들도 아직은 살아 숨쉬고 있을 때였다.

그레타는 이메일의 링크를 클릭했다. 저녁 8시가 되어 막 화상회의를 시작하려던 참이었다. 세계 기후 위기 운동에 새롭게 활기를 불어넣을 바로 그 화상회의였다. 불과 몇 년 전까지만 해도 이런 순간은 상상조차 할 수 없었다. 그레타의 우울증이 너무 심했기 때문이었다.

첫 번째 인터뷰에서 그레타는 초등학교 2학년 때 기후 변화에 관해 처음으로 들었다고 했다.

"방을 나갈 때에는 불을 *끄는* 것이 좋아요." 선생님이 이어서 말했다. "그리고 필요 이상으로 많은 물을 사용하지 말아야 하고요. 건강한 지구를 위해 우리의 자원을 아껴야 한답니다."

쉬는 시간이 되자 반 친구들은 선생님의 말씀을 까맣게 잊은 듯했지만, 그레타는 그럴 수 없었다. "만약 지구상에 존재하는 동물종의 하나인 인간이 지구 전체 기후를 바꿔 놓을 수 있다면, 다른 이야기를 해서는 안 되는 거야. 다른 문제는 다 제쳐 두어야 해."

그레타는 스스로 기후 변화에 관한 글을 찾아 읽기 시작했다. 알면 알수록 어른들의 세계에 대한 배신감이 들었다. 친구들과의 거리는 더 멀어졌다. 그레타는 친구들이 얼마나 빨리 '성장'해 옷과 전화기에 관심을 갖기 시작했는지 기억하고 있었다. "왜 우리 반에 다른 파벌이 있는지, 왜 모두가 다른 지위를 가지고 있는지 이해할 수 없었어요. 제게는 아무 의미가 없었거든요."

5학년 때 그레타는 우울증을 앓기 시작했다. 말하고 먹는 것을 멈추었다. 그레타의 선생님, 아니타는 무언가 잘못되고 있다는 것을 금세 알아차렸다. 거의 40년 동안 교사로 일하며 항상 도움이 필요한 학생들을 위해 시간을 냈고, 그 일을 우선시해 온 사람이었다. 아니타는 어린 시절 유모와 하녀만 있는 상류층 집에서 혼자 자랐기에 장차 가족이 생기면 대가족으로 살아야겠다고 결심했고, 지금은 아이들이 어릴 때 입양한 다섯 명의 자녀를 키우고 있다. 그런 아니타가 그레타에게 쏟아부은 노력은 머지않아 엄청나게 중요한 결과로 이어질 것이었다.

학기가 시작되고 몇 주 만에 그레타는 선생님에게 자신의 심정을 털어놓았다. 선생님이 아픔을 같이 나누자고 했을 때 그레타는 울음을 터뜨렸다. 처음으로 아니타가 그레타를 위로한 순간이었다. 그 뒤 두 사람은 일주일에 며칠씩 학교 도서관 뒤편 교실에서 시간을 보냈다. 처음에는 비밀리에 만났다. 우울증으로 정규 수업에서 빠진 그레타를 위해 아니타는 점심시간이나 자습 시간 같은 자유 시간을 포기하고 틈틈이 그레타를 가르쳤다. 처음 몇 주 동안 아니타는 그레타를 옆에 앉히고 큰 소리로 책을 읽었다. 두 사람은 특히 지난 세기 말무일푼이었던 열한 살 소녀 엘린의 이야기를 담은《비단, 벨벳, 천, 헝겊》과 제2차 세계대전 당시 예테보리 군도에 도착한 두 명의 유대인 소녀의 이야기를 다룬《머나먼 섬》에 매료되었다. 두 사람은 함께 바느질을 했고, 그레타는 그해 크리스마스에 '엄마', '아빠', '릴라시스터'를 새긴 태피스트리(여러 가지 색실로 그림을 짜 넣은 직물)를 가족에게 선물했다.

아니타는 그레타를 위해 스웨덴어, 영어, 역사 과목의 과제물을 가져와 조금씩 가르쳤다. 그레타는 어렵사리 5학년을 마쳤고, 차츰 우울증에서 벗어나 체계적으로 음식을 먹으면서 식이장애를 관리할 수 있게 되었다. 그레타의 주식은 뇨키(감자 경단을 소스에 넣어 먹는 이탈리아 요리)와 바나나였다. 그레타가 말을 거는 대상은 오직 가족과 선생님뿐이었다. 다른 사람들과는 전혀 말을 섞지 않았다.

그레타는 평상시에도 부모님과 함께 기후 위기를 중심으로 일상을 꾸렸다. 채소 재배를 시작했고, 가솔린차를 전기 자동차로 바꾸었으며 채식주의자가 되기로 마음먹었다. 아빠도 채식주의자가 되었다. 그레타가 비행기를 타지 않게 되자 부모님도 항공기 이용을 중단했는데 오페라 가수인 엄마에게 이것은 커다란 변화를 의미했다. 더는 국제무대에서 공연할 수 없었기 때문이다. 그때를 떠올리며 그레타가 말했다. "엄마가 그렇게 변하시니 기분이 묘했지만 엄마의 직업보다 지구 전체의 생태계를 위해 생물권이 더 중요하다고 생각했어요. 우리는 다른 관점으로 세상을 봐야 해요. 인간이라는 존재가 얼마나 보잘것없는지 깨달아야 해요."

이제 그레타는 쿵스홀멘의 소파에 앉아서 화상회의가 시작되기를 기다리고 있다. 그동안 상황은 더 나아져서 그레타의 식이장애는 몇 년 전 이미 사라졌다. 아동청소년 정신의학서비스 지원을 받아 고기능 자폐증과 아스퍼거 증후군 진단을 받았다. 그레타에게는 전학의 기회가 주어졌다. 물론 아니타도 함께였다. 아니타는 한 직장에서 20년 동안 일한 후 그레타의 새 학교에 지원했고 교사직을 제안받았다. 아니타는 그때 일을 떠올리며 이렇게 말했다. "어차피 은퇴가 몇 년 남지 않은 상황이었어요. 게다가 그레타와 교류할 수 있는 사람은 그레타의 엄마, 아빠와 저 말고는 거의 없었죠. 제 자신이 그렇게 대단하다고 생각하진 않지만 결국 그렇게 되었어요."

열다섯 살의 그레타는 열한 살의 그레타에 비해 훨씬 더 현실에 잘 적응하고 있었다. 그레타의 부모님은 그 이유 중 하나가 가족 간에 더 많은 대화를 나누었기 때문인 것을 알아차렸다. 그레타의 가족은 쓸데없는 잡담 대신 가급적 진지한 대화를 나누었다. 내성적인 사람들이 외향적인 사람들을 위해 만들어진 사회에 어떻게 적응할 수 있을지, 점점 쇠약해지는 정신건강이 어떤 식으로 인간의 생활 방식에 관련된 것처럼 보이는지, 우리 인간이 자연 서식지로부터 얼마나 단절되어 있는지, 그것은 지친 행성에 살고 있는 지친 사람들에 대한 이야기였다.

그해 봄 그레타와 부모님은 자신들의 생각을 모아 책으로 펴냈다. 《우리 집이 불타고 있다》는 제목으로 출간된 책이 바로 그것이다.

"이 작업으로 오랫동안 힘들었던 그레타의 기분이 한결 나아졌어요." 스반테는 이 책에 대해 이렇게 말했다. "우리가 숨김없이 속마음을 털어놓으며 글을 쓰기 시작하자 그레타가 크게 안도감을 느낀 것

같았죠. 그해 봄은 내내 즐거웠습니다."

그레타는 더욱 힘이 났고 기후 문제에 더욱 몰두했다. 중앙 일간지 〈스벤스카 다그블라데트〉에서 기후에 관한 글쓰기 대회를 열자 그레타는 칼럼을 써 보냈다.

저는 안전함을 느끼고 싶어요. 그런데 바로 지금 인류 역사상 가장 큰 위기에 처해 있다는 사실을 알면서 어떻게 안전함을 느낄 수 있을까요? 지금 당장 행동하지 않으면 너무 늦습니다.

그레타의 글은 2등으로 뽑혔고 신문에도 실렸다. 그레타는 그 글을 인스타그램 계정에 등록하면서 'SvD에서 이틀 연속 가장 많이 공유된 기사'라고 적었다.

그레타의 독자 가운데 보 토렌Bo Thorén이라는 사람이 있었다. 그레타가 파란색 '시작' 버튼을 누르자 화상회의에 참여한 다른 열한 명의 작은 사진들 옆에 보의 얼굴이 나타났다. 보는 세 아이의 아빠로 소프트웨어 개발자였다. 6년 전 보가 얀 아르튀스 베르트랑의 다큐멘터리 〈홈〉을 시청하고 있을 때였다. 하늘에서 촬영한 장면 같았다. 지구를 한 바퀴 도는 여정인 듯했다. 죽어 가는 그레이트 배리어 리프(오스트레일리아의 북동부 해안을 따라 발달한 세계 최대 규모의 산호초), 두바이의 인공 섬, 인간과 다른 동물들이 나란히 갈증을 해소하는 사막 한가운데 있는 우물. 그리고 이어진 여성 해설자의 첫마디가 보 토렌의 삶을 바꿔 놓았다. "…… 우리는 지구 생명체에 꼭 필요한 균형을 깨뜨리는 데 성공했습니다. 이 특별한 이야기에 귀 기울여 보세요. 바로 여러분의 이야기입니다. 이것으로 무엇을 하고 싶은지 결정해 보세요."

보는 회의 참석자에게 인사를 하고 나서 다른 사람들 소개를 위해 자리를 양보했다. 이번 화상회의는 보 토렌과 예테보리 샬머스 공과대학에서 박사과정을 밟고 있는 마리아 장스텐Maria Jangsten이 청년들의 기후 문제 참여 확대를 위해 개최한 회의였다. 마리아는 앨 고어 전 미국 부통령이 시작한 기후 프로젝트를 통해 '기후 현실 리더'가 되기 위한 훈련을 받은 적이 있었다.

그들은 이 문제에 호기심을 보인 많은 젊은이들과 헌신적인 어른들을 초대했다. 초대받은 사람들은 두 사람이 대체 무엇을 하려는지 알지 못했다. 보 토렌은 설령 소수일지라도 적절한 수단과 연줄이 주어진다면 타인을 움직이게 할 수 있다고 생각했다. 보 토렌이 입을 열었다. "저는 청년들이 문제 해결의 열쇠가 되어야 한다고 생각합니다. 어른들이 저지른 온갖 잘못을 보면 청년들은 분명 화를 내겠지만 아직까지는 그런 적이 없습니다. 지금이 좋은 기회입니다."

오늘 회의에는 새로운 참가자들이 몇 명 있었다. 예블레와 웁살라에서 각각 두 명씩 참가한 고등학생 네 명 그리고 몇몇 어른들이 더 있었다. 교육계와 학계에 있는 음악가 한 명, 기상학자 한 명이 그들이었다. 그다음은 무릎에 노트북을 올려놓고 쿵스홀멘에서 참가한 가장 나이 어린 참가자였다.

"안녕하세요, 제 이름은 그레타 툰베리입니다."

참가자들이 한 차례 자기소개를 마친 후 기상학자 마틴 헤드버그Martin Hedberg에게 가상 마이크가 전달되었다. 그는 참가자들이 대부분 기본적인 지식을 갖추고 있다고 확신하지만 간단히 개요부터 설명하겠다고 말했다. "과거 지구의 평균기온이 산업화 이전보다 1.5도 더 따뜻했을 때의 해수면은 오늘날보다 6~9미터 더 높았습니다. 그리고 대기 중 이산화탄소 농도가 400피피엠 이상이었을 때의 해수면은 지금보다 25미터 더 높았습니다."

그레타는 조용히 경청했다. 마틴 헤드버그의 설명은 새로운 뉴스가 아니었다. 그 사실들은 이미 그레타의 삶에서 중요한 부분을 차지하고 있었다. 하지만 며칠 전 보 토렌이 전화했을 때 그레타는 약속대로 회의에 참가하고 싶었다.

"세계의 부유한 지역에 살고 있는 사람들은 역사적으로 이산화탄소를 가장 많이 배출한 동시에 덜 부유한 지역의 국가들에게 높은 수준의 요구를 하고 있습니다." 마틴 헤드버그가 말을 이어 갔다. "합리적이지 않습니다. 우리에겐 국경을 넘나드는 확고한 풀뿌리 운동과 협력이 필요합니다."

보 토렌은 마틴 헤드버그에게 감사를 표하고 두 가지 구체적인 제안을 간략히 설명했다. 첫째, 기후 문제에 대한 인식을 높이기 위해 청년 주도로 스웨덴 버전의 '제로 아워(행동 개시 시간)'를 만드는 것이었다. 그레타는 잠자코 듣기만 했다. 보 토렌은 두 번째 아이디어를 특히 열정적으로 설명했다. 그의 말에 따르면, 실행에 옮기기 힘들고 엄청난 저항에 부딪칠 수 있지만 아주 흥미로운 아이디어였다. "미국에서 이런 일이 있었습니다. 학교에서 총격 사건이 발생하자 이에 항의하기 위해 등교를 안 한 겁니다. 이 방법이 하나의 선택이 될 수도 있습니다." 보 토렌이 이어서 말했다. "마치 파업하듯, 학교 파업을 하는 겁니다."

그레타는 집중해서 듣고 있었다. 아이디어가 마음에 쏙 들었다. 설득력이 있었다. 그레타가 입을 열었다. "스웨덴 국회의사당 앞에서 그렇게 할 수 있어요. 한 무리의 아이들이 그 앞에 앉아 있다고 상상해 보세요. 아이들이 그곳에 서 있거나, 시위하며 행진할 수도 있을 거예요."

마리아 장스텐은 그 순간을 또렷이 기억했다. 보 토렌의 귀띔으로 그레타가 자폐증을 앓고 있다는 사실을 알고 있었다. 소녀가 뭔가 특별하다는 생각이 들었다. 장스텐은 이렇게 말했다. "곧바로 그레타에 대한 엄청난 존경심이 생겼어요. 말을 많이 하진 않았지만 그레타의 말에는 무게가 실려 있었어요. 매우 진지했죠."

그레타는 더 말하지 않았고, 회의에 참가한 다른 젊은이들은 파업을 좀 더 즐겁게 할 수 있는 방법에 대해 이러쿵저러쿵 떠들기 시작했다. '피카(스웨덴 음식전문점)'의 협찬을 받아 학교 운동장에서 커피와 계피빵으로 '티타임'을 할 수 있지 않을까? 혹은 창조적인 요소를 추가해 모두가 개성적인 방식으로 자기주장을 표출할 수 있지 않을까? 그러나 국회의사당 앞에서 파업하는 아이디어를 진심으로 믿는 사람은 아무도 없었다.

"그들은 내 아이디어가 변화를 만들어 내지 못할 거라고 했어요." 훗날 그레타가 내게 말하기를, 즐거운 시간을 보낸다는 이야기에 심기가 불편했다고 했다. 기상학자인 마틴 헤드버그가 참가자들에게 재미있고 흥을 돋우는 방식으로 파업을 준비해야 한다고 강조했을 때 그레타는 도저히 참을 수 없었다. 헤드버그의 말을 끊고 말했다. "기후를 구하는 건 재미를 위해서가 아니에요. 진지하게 접근해야 할 문제예요. 전 이만 나가겠어요. 여긴 진지하지 않으니까요."

2018년에 내려놓을 수화기는 없었다. 단지 화면 오른쪽 하단 모서리에 포인터와 빨간색 '회의 종료' 글자가 나타날 뿐이었다. 노트북을 닫으면서 그레타는 여전히 마음이 심란했지만 자신의 아이디어를 포기할 수 없었다.

우리에게 시간이 얼마나 남아 있을까

지구를 둘러싼 얇은 층인 대기는 여러 종류의 기체로 구성되어 있다. 몇몇 기체는 다른 기체들보다 더 많은 열을 흡수한다. 대기 중에 이런 기체들이 더 많을수록 지구는 점점 더 뜨거워지는데 그중 하나가 바로 이산화탄소이다. 인류가 화석연료를 태워 왔기 때문에 오늘날 대기 중 이산화탄소 농도는 최소한 260만 년 동안 유지해 왔던 것보다 더 높은 수준을 나타내고 있다. 2020년 지구의 평균기온은 산업혁명 이전보다 1.2도 높았다.

역사적으로 기후학자들은 위험신호를 보내는 데 조심스러웠다. 불안감을 조장하는 당사자로 낙인찍히고 싶지 않았기 때문이다. 하지만 2018년 10월에 발표된 〈1.5도 보고서〉에서 기후 변화에 관한 정부 간 협의체(IPCC) 소속 과학자들은 거의 비명을 지르고 있었다. 어쩌면 이것은 애원이지 않았을까?

세계 각국 정상들이 지구온난화를 2도 아래로 제한하기로 동의한 파리협정이 체결된 지도 3년이 지났다. 새로운 보고서에서 과학자들이 내린 결론은 간단명료했다. 온난화로 평균기온이 2도 상승하면 극적인 결과가 발생할 수 있다는 것이었다. 그들의 목표는 어떻게든 기온 상승을 1.5도 이하로 유지하는 것이었다. 보고서에는 수치를 쉽게 파악할 수 있는 도구로 '탄소 예산'이 포함되어 있었다. 목표 온도 범위 내에 머무르려면 인류는 어느 정도의 이산화탄소를 배출해야 할까? 탄소 예산이 언제 바닥을 드러낼까?

답은 7년이다. 현재 수준으로 이산화탄소를 계속 배출할 경우 전 세계 국가들이 1.5도 이하의 목표를 달성하기 위해 책정된 예산을 모두 소진하기까지 고작 7년이 남아 있을 뿐이다. 즉, 2020년 말이면 예산을 다 써버리게 될 것이다. 이산화타소 외에 메탄과 아산화질소 같은 온실가스도 배출량을 크게 낮추거나 0으로 만들어야 한다. 예산 범위 내에 있다고 해서 목표 온도를 확실히 달성하는 것도 아니다. 기껏해야 67퍼센트의 성공 확률이 있을 뿐이다.

예산 안에 머물기 위해 IPCC가 제안한 대부분의 시나리오에는 이른바 다량의 '이산화탄소 역배출'이 포함되어 있다. 이것은 대기 중에 이미 배출된 이산화탄소를 포착하는 기술을 말한다. 그러나 IPCC는 이런 기술 중에서 충분한 규모에 근접한 기술은 아직 존재하지 않는다는 점을 지적하고 있다.

"온난화를 1.5도로 제한하는 것은 화학과 물리 법칙 내에서 가능하지만 그렇게 하려면 전례 없는 획기적인 변화가 필요합니다." 보고서가 출판되었을 때 IPCC의 짐 스키어^{Jim Skea}는 이렇게 말했다.

이산화탄소는 대기 중에 오랜 기간 머문다. 배출된 이산화탄소의 15~40퍼센트는 1000년 후에도 여전히 남아 있다. 따라서 이산화탄소 배출을 멈추는 것만으로 충분하지 않다. IPCC에 따르면, 탄소 중립(이산화탄소를 배출한 만큼 이산화탄소를 흡수하는 대책을 세워 이산화탄소의 실질적인 배출량을 '0'으로 만드는 개념)에 도달한 다음 바로 '역배출'로 이동해야 한다. 동시에 아직 존재하지 않는 기술적 해법이 필요하며, 대기 중 이산화탄소를 흡수하는 여러 가지 자연적 수단들도 활용할 수 있어야 한다. 숲, 초원, 해조류, 맹그

로브 등이 이런 것들이다.

기후 위기에 어떤 국가들이 가장 큰 책임을 져야 할까? 온실가스가 대기 중에 오랜 세월 저장되어 있다는 사실은 역사적으로 그 배출을 연구하면 그 상관성을 파악할 수 있다. 산업화 이후 전 세계에서 이산화탄소를 가장 많이 배출한 나라는 미국이며, 중국과 구소련이 2위, 3위를 차지하고 있다. 다수의 유럽 국가들도 이산화탄소를 가장 많이 배출한 상위 10개국에 속해 있다. 독일 4위, 영국 5위, 프랑스가 8위를 차지하고 있다.

IPCC의 탄소 예산이 미치는 범위는 지구촌 전체이기 때문에 모든 나라가 동일하게 정치적 책임을 져야 한다고 생각하기 쉽지만 2015년에 체결된 파리기후변화협약에서 당사국들은 이른바 형평성의 원칙에 합의했다. 다른 무엇보다도 이 협약에서는 역사적으로 탄소 배출량이 가장 많았던 부유한 국가들이 이러한 전환을 주도해야 하며, 남겨진 공동 예산을 가난한 국가들보다 더 적게 사용해야 한다는 점을 명시하고 있다. 이것은 부유한 나라들이 오랫동안 당연시했던 기본 인프라를 가난한 나라들이 개발할 수 있도록 해준다는 점에서 특히 중요하다. 도로와 병원을 건설하고, 주민들에게 깨끗한 식수를 제공할 수 있기 때문이다. 옥스팜(전 세계 빈민구호를 위해 활동하는 국제 NGO 단체)과 스톡홀름 환경연구소의 공동 보고서에 따르면, 1990년과 2015년 사이에 전 세계 인구의 가장 부유한 '1퍼센트'가 전 세계 인구의 '절반'보다 두 배나 더 많은 이산화탄소를 배출했다.

틴달 기후변화연구소와 웁살라대학의 연구에 따르면, 스웨덴이 형평성을 고려하여 파리협약 의무를 이행하려면 매년 12~15퍼센트씩 이산화탄소 배출량을 줄여야 한다. 이 계산은 최대 1.5도 온난화를 달성하는 것이 아니라 '2도 이하'로 유지한다는 목표에 기초하여 설정된 것이다. 그러나 지금까지 스웨덴의 조치는 이러한 의무 이행으로부터 한참 동떨어져 있다. 2019년 스웨덴 영토에서 이산화탄소 배출은 2.4퍼센트 감소했지만 여기에 국제 항공 및 해상 교통은 포함되지 않았다. 이 부분까지 포함하면 스웨덴의 이산화탄소 배출량은 거의 변하지 않은 것이나 마찬가지다.

인간의 활동으로부터 직접적으로 파생되는 이산화탄소 배출 이외에 지구 온도 변화에 영향을 미치는 또 다른 요소들이 있다. 여기에는 대기오염이 포함되는데, 역설적이게도 이것이 지구로부터 태양열을 반사시켜 냉각 효과를 불러일으킨다. 만약 이산화탄소 배출량이 감소하여 공기가 더 깨끗해진다면 더 많은 열이 유입되어 지구 온도는 상승할 것이다. 그런가 하면 자연 그 자체가 지구온난화의 악순환을 유발하는 다양한 메커니즘이 존재한다. 한 가지 예로 영구동토층을 들 수 있다. 문제는 정상적인 조건에서 일 년 내내 얼어 있어야 할 영구동토층이 녹아내리고 있다는 것이다. 추위가 약해지면서 영구동토층에서 이산화탄소와 메탄 같은 기체가 땅 밖으로 새어 나오고, 그 결과 지구는 점점 더 따뜻해지고 있다.

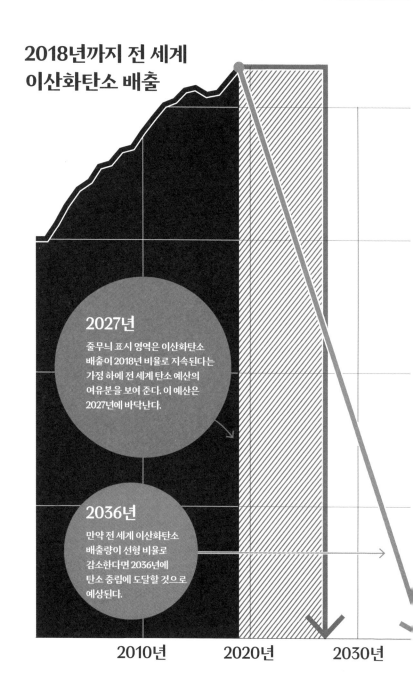

2018년까지 전 세계 이산화탄소 배출

2027년

줄무늬 표시 영역은 이산화탄소 배출이 2018년 비율로 지속된다는 가정 하에 전 세계 탄소 예산의 여유분을 보여 준다. 이 예산은 2027년에 바닥난다.

2036년

만약 전 세계 이산화탄소 배출량이 선형 비율로 감소한다면 2036년에 탄소 중립에 도달할 것으로 예상된다.

2010년   2020년   2030년

마나 빨리 전 세계 탄소 중립에 :달해야 하는가?

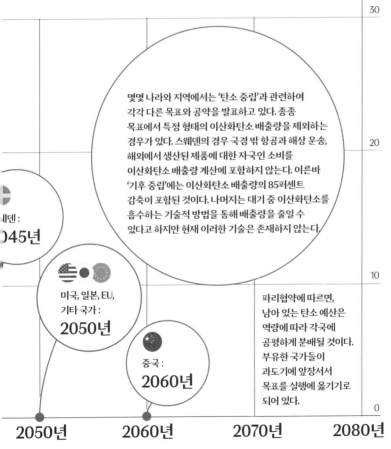

(10억 톤, 이산화탄소)

:래프는 67퍼센트의 확률로 1.5도 이하의 온난화 목표에 도달하려면
:마나 빨리 탄소 중립에 도달해야 하는지를 보여 준다.
:음은 여기에 포함되지 않는다.

:영구동토층 해빙 같은 자연 자체에서 발생하는 여러 가지 이산화탄소 배출량
:이산화탄소 이외 다른 온실가스 배출량
:바이오매스 연소에 따른 이산화탄소 배출량
:처 : IPCC SR15에 근거를 둔 제케 하우스파터Zeke Hausfather, 표 2.2

40

30

몇몇 나라와 지역에서는 '탄소 중립'과 관련하여
각각 다른 목표와 공약을 발표하고 있다. 종종
목표에서 특정 형태의 이산화탄소 배출량을 제외하는
경우가 있다. 스웨덴의 경우 국경 밖 항공과 해상 운송,
해외에서 생산된 제품에 대한 자국인 소비를
이산화탄소 배출량 계산에 포함하지 않는다. 이른바
'기후 중립'에는 이산화탄소 배출량의 85퍼센트
감축이 포함된 것이다. 나머지는 대기 중 이산화탄소를
흡수하는 기술적 방법을 통해 배출량을 줄일 수
있다고 하지만 현재 이러한 기술은 존재하지 않는다.

20

│덴 :

:045년

10

미국, 일본, EU,
기타 국가 :
2050년

파리협약에 따르면,
남아 있는 탄소 예산은
역량에 따라 각국에
공평하게 분배될 것이다.
부유한 국가들이
과도기에 앞장서서
목표를 실행에 옮기기로
되어 있다.

중국 :
2060년

0

2050년　　　　**2060년**　　　　**2070년**　　　　**2080년**

오전 8시 직후 파업이 허가된 곳에
홀로 남아 있는 그레타

2018년 11월 9일 스웨덴 스톡홀름

매주 금요일 파업 장소인 국회의사당 민토 르엣 광장 안
자신의 자리에 가기 위해 릭스가탄 거리를 걸어가고 있는 그레타

2018년 11월 23일 스웨덴 스톡홀름

파업은 매주 금요일 오전 8시부터
오후 3시까지 지속된다.

2018년 11월 9일 스웨덴 스톡홀름

그레타는 석 달 동안 파업을 계속했지만
사람들은 그레타가 누구인지 모르는 듯했다.
민토르엣 광장에서 시트 패드를 펼치고 있는 그레타에게
많은 행인이 호기심 어린 눈 길을 보냈다.

2018년 11월 23일

그레타의 할머니 모나 안데르손Mona Andersson이
손녀가 어떻게 지내는지 살피고
잠깐 대화를 나누기 위해 들르곤 했다.

2018년 11월 2일 스웨덴 스톡홀름

그레타와 함께 파업하는 사람들이 드나들었는데 그들 중 일부는 파업에 대한 지지를 보여 주기 위해
몇 시간 동안 앉아 있었고 또 어떤 이들은 온종일 그곳에 머물렀다.

2018년 11월 2일 스웨덴 스톡홀름

그레타 주변에 모여든 각양각색의 사람들.
십 대와 중년, 노년층이 모두 모였다.

2018년 11월 2일 스웨덴 스톡홀름

11월 말 그레타는 TED 스톡홀름에 초대되었다.
한 청중은 트위터에 이렇게 올렸다.
"그레타의 연설은 나를 눈물짓게 했습니다."
또 다른 청중은 트위터에 "어린 간디를 만난 기분이었다."고 올렸다.

2018년 11월 23일 스웨덴 스톡홀름

02

운동

2018년 10월 31일

머리를 땋은 소녀가 마이크를 잡자 1000여 명의 사람들이 숨을 죽였다. 소녀는 런던 의회 광장의 낮은 돌담 위에 앉아 있었다. 임시로 만든 무대였다. 맨 뒤에 있던 몇몇 청중이 목을 길게 빼고 연설자를 향해 귀 기울이고 있었다. 소녀의 입이 움직였다. 대체 무슨 말을 하고 있는 걸까?

바람이 불었지만 온화한 가을 아침이었다. 로저와 나는 그레타의 바로 뒤에 서 있었다. 우리는 타워브리지 근처 호텔에서부터 그레타를 따라갔다. 우리에게는 그동안 우리가 해 오던 작업과 크게 다를 바 없었다. 스웨덴의 젊은 활동가를 글과 사진으로 묘사하는 것이 우리 일이었고, 이 이야기는 그레타가 연설할 곳인 폴란드 도시 카토비체에서 열리는 유엔 기후 회의와 관련해 공개될 예정이었다. 그런데 이번은 뭔가 느낌이 달랐다. 우리가 가는 곳마다 사람들이 모여들었다. 사람들은 그레타가 무슨 말을 하는지 듣기 위해 애를 썼다. 그레타에게는 소음을 뚫고 자신의 말을 전달하는 능력이 있었다. 스톡홀름에서 그레타와의 첫 만남 이후 로저는 나를 따로 불러내 이렇게 말했다. "알렉산드라, 우린 이번 일을 그만둘 수 없어요. 이 운동은 뭔가 눈덩이처럼 커질 수 있어요."

이제 로저는 군중과 함께 있는 그레타의 사진을 찍고 있었다. 시위대는 현수막과 팻말을 들고 서로 가까이 붙어 있었다.

내 남자 친구가 공기만큼 지저분했으면 좋겠어.

화가 나지 않는다면, 당신은 관심이 없는 것이다.

기후 변화 = 대량 살상

분홍색, 연두색, 파란색과 노란색 깃발들이 눈에 띄었다. 모두 한가운데에 모래시계를 상징으로 그려 놓은 깃발들이었다. 광장 주변에는 남녀 위인들의 동상들이 점점이 세워져 있었다. 세상을 변화시킨 위인들로 인권운동가 넬슨 만델라Nelson Mandela, 평화로운 시민 불복종의 아버지 마하트마 간디Mahatma Gandhi, 여성 참정권 운동가 밀리센트 포셋Millicent Fawcett 등이 그들이었다.

"여덟 살이 되어 기후 변화, 즉 지구온난화라는 말을 처음 들었습니다. 틀림없이 그것은 인간의……."

"더 크게!" 몇몇이 그레타의 말을 끊으며 고함을 질렀다. 한 여성이 허리를 굽혀 어린 연설자에게 마이크를 입 가까이 대라고 말했다. '멸종 저항(기후 변화에 저항하는 국제 운동단체)'을 창설한 사람들 가운데 한 명인 게일 브래드브룩Gail Bradbrook이었다. 모래시계가 상징인 그 조직은 그날 영국 대중 앞에서 출범할 예정이었다.

"분명 이것은 우리의 생활방식으로 인해 만들어진 것입니다." 그레타가 말했다. 입술을 거의 마이크에 붙이고 있었지만 보조자의 어깨에 올려놓은 확성기 한 대만으로 충분치 않았다. 가까이 서 있는 소수의 사람만이 그레타가 무슨 말을 하는지 알아들을 수 있었다.

2018년 여름 내내 그레타는 학교 파업에 대해 이야기했다.

"저는 그런 일이 일어나지 않기를 끝까지 바랐습니다." 그레타의 아빠 스반테가 말했다. "부모로서 잘못된 길로 빠지는 경우를 숱하게 보았으니까요."

그레타는 아직 완전히 회복되지 않은 상태였다. 아주 친한 이들을 제외하고 거의 아무하고도 말을 섞지 않았고, 다른 사람들 앞에서는 음식을 먹을 수도 없었다. 그럼에도 불구하고 가을 학기가 시작된 둘째 날, 그레타는 학교에 가는 대신 스톡홀름의 국회의사당으로 향했다. 그리고 자신의 소셜 플랫폼에 이렇게 올렸다.

우리 아이들은 흔히 어른들의 말이 아닌 행동을 따라 한다.
하지만 어른들은 아이들의 미래 따위에 관심이 없기 때문에
아이들의 미래를 위한 행동에 나서지 않는다.
나는 선거일까지 기후를 위해 학교 파업을 할 것이다.

헌신적으로 환경운동을 하는 몇몇 회원들이 그레타와 같이 자리했다. 그날 아침 의회를 지나던 기후 사업가 잉마르 렌츠호그Ingmar Rentzhog를 비롯한 몇몇 다른 사람들이 동참한 이후로 이 운동은 빠른 속도로 확산되었다. 학교 파업은 얼마 지나지 않아 널리 알려졌다. 9학년생이 감정을 자극했다. 파업 대신 학교로 돌아가라며 그레타를 탐탁지 않아 하는 댓글들과 그레타를 영웅으로 선언하는 칭찬 메시지가 교대로 이어졌다. 곧 기자들이 도착했다. 그리고 둘째 날 메이슨이 찾아왔다.

8학년 첫날 하굣길에 지하철에 앉아 있던 열네 살 메이슨 요아킴스반 페르손Mayson Joacimsbarn Persson은 인스타그램에 올라온 그레타의 글을 보았다. 메이슨은 그때를 떠올리며 이렇게 설명했다. "저는 그레타가 하루 이상 그곳에 혼자 있어서는 안 된다고 생각했어요. 그래서 바로 결심했어요. 저녁을 먹고 부모님께 학교 파업에 동참하겠다고 말씀드렸죠."

사업가 데릭 시버스Derek Sivers는 격찬을 받은 비디오 프레젠테이션을 통해 이 운동이 어떻게 시작되었는지 설명했다. 시버스의 설명대로, 비디오에서는 반나체의 사내가 풀이 무성한 언덕에서 홀로 춤을 추고 있었다. 어느덧 비탈진 언덕에는 무릎을 구부리고 팔을 흔드는 사람들로 가득했다. 데릭 시버스는 용감하게 나선 한 사람이 조롱을 받으면서 이 운동이 시작되었다고 말했다. 그리고 '외로운 괴짜'를 리더로 변화시킨 한 명의 추종자가 동참하면서 운동은 계속 이어졌다. 2018년 8월 21일, 학교 파업 이틀 후 아침에 메이슨은 그레타 옆에 앉았다.

"눈앞에서 그레타를 보고 나서야 비로소 제가 이런 기회를 기다려 온 걸 깨달았어요." 메이슨이 내게 말했다. "제가 그곳에 남아 있어야 한다는 사실도 깨달았죠."

그레타와 메이슨은 몇 시간 동안 스웨덴 국회의사당 앞에서 외로운 파업을 계속했는데, 그곳에는 다른 사람들도 있었다. 데릭 시버스가 있던 곳 뒤쪽 언덕에서 사람들이 차례로 춤을 추고 있었다. 그들이 첫 번째 추종자를 발견했다.

"드디어 탄력이 붙기 시작했습니다." 시버스가 말했다. "그때가 티핑포인트(작은 일에서 시작되어 갑자기 엄청난 변화를 일으키게 되는 극적인 순간)였습니다."

열다섯 살짜리 스웨덴 소녀가 런던 의회 광장에서 마이크를 테스트하고 있을 때 소녀가 일으킨 운동은 점점 확산되고 있었다. 하지만 그 속도는 빠르지 않았다. 묘목이 땅을 뚫고 솟아오르듯 또 다른 사람이 마을회관이나 가장 가까운 국회의사당 앞에서 간간이 파업을 시작했다. 스웨덴의 룰레오, 외레브로, 빔메르뷔는 물론 헬싱키, 도쿄, 브리즈번에서도 같은 운동이 벌어졌다. 그들은 팻말이나 한 줌의 전단지를 들고 기후학자들이 주장하는 경고를 진지하게 받아들여야 한다는 메시지를 권력자들에게 전했다. 하지만 구름같이 몰려드는 인파도 강력한 세력도 없었다. 그렇다면 그레타의 계획이 어떻게 널리 전파될 수 있었을까?

"마이크 점검할게요." 그레타가 말했다.

군중은 아무 반응이 없었다. 그곳에 모인 사람들은 지구의 기후와 환경을 염려한다면서 불법행위도 마다하지 않는 강경한 활동가들이었다. 평화적 시민 불복종 운동 단체인 '멸종 저항'의 활동가들은 언젠가 붉은 피로 포석을 칠하고, 접착제로 자기 몸을 경찰차에 붙일 것이다. 화석연료를 사용하는 회사의 사무실도 점거할 것이 뻔했다. 같은 명분을 갖고 있었지만 파업 중인 학생들의 조용한 농성과는 사뭇 대조적이었다. 비록 이들은 기후 문제에 관한 한 영국에서 가장 헌신적인 활동가들이었지만 그때까지 그레타의 존재를 알고 있는 이는 극히 소수뿐이었다.

무대에서 아무 소리도 들리지 않자 점점 더 많은 사람들이 부산하게 움직이기 시작했다. 소곤소곤하던 잡담 소리도 시끌벅적해졌다.

나는 우연히 서른여덟 살의 배우 겸 여성 활동가인 탐신 오몬드^{Tamsin} 를 만나 인파 속으로 이동했다.

"방금 그레타에 대해 들었어요." 그녀가 말했다. "소셜 미디어에서 그레타를 발견하고 이곳에 초대한 사람은 게일일 거예요."

주최자인 게일 브래드브룩은 다시 한 번 그레타에게 몸을 기울였다. 열다섯 살 소녀가 고개를 끄덕였다. 그레타는 한 번 더 시도해 보기로 했다.

"제가 여덟 살 무렵." 그레타가 입을 열었지만 여전히 잘 들리지 않았다.

"제가 여덟 살 무렵." 무대 근처에 있던 50명 남짓한 사람들이 화답하며 큰 소리로 외쳤다.

"처음으로 기후 변화에 대해 들었습니다." 그레타는 계속 말했다.

"처음으로 기후 변화에 대해 들었습니다." 맨 앞에 있던 사람들이 따라하며 소리쳤다. 간간이 웃음소리가 들렸다. 잠시 후 그들은 다음 문장을 위해 숨을 가다듬었다. 이 방식은 성공적이었다. 뒤쪽에 있는 사람들이 그레타의 연설을 들을 수 있도록 그들은 모두 협력했다.

"모든 것이 변해야 합니다." 그레타가 말했다.

"모든 것이 변해야 합니다." 군중이 따라했다.

"그리고 그 변화는 오늘부터 시작해야 합니다."

"그리고 그 변화는 오늘부터 시작해야 합니다."

"그래서 모두가 밖에 나와 있는 것입니다."

"그래서 모두가 밖에 나와 있는 것입니다."

"지금은 시민이 불복종할 때입니다."

"지금은 시민이 불복종할 때입니다."

"지금은 저항할 때입니다!"
"지금은 저항할 때입니다!"

잠시 후 그레타와 스반테는 전기차를 타고 서둘러 런던을 떠났다. 스톡홀름 국회의사당 앞에서 열리는 금요일 파업에 늦지 않게 도착하려면 차를 빨리 몰아야 했다. 영국 해협을 지나 벨기에, 네덜란드, 독일과 덴마크를 차례로 통과하는 여정이었다. 눈 붙일 틈도 없이 충전할 때만 잠시 정차할 수 있었다.

그레타는 의회 광장에서 군중을 뒤로 하고 자리를 떴다. 그리고 전날 밤 생각해 낸 메시지를 떠올리며 빙그레 미소를 지었다. 런던 타워호텔 444호실의 원목 책상 아래 파란색 글씨가 새겨져 있었다. 뭔가 대단한 일이 벌어질 것이라고 믿었던 열다섯 살의 스웨덴 기후 활동가가 쓴 문구였다.

To start a revolution (혁명을 시작하기 위하여).

'멸종 저항'의 초대를 받은 그레타가
의회 광장 연설을 위해 준비를 하고 있다.

2018년 10월 31일 영국 런던

호텔 방을 떠날 준비를 하고 있는
그레타와 아빠 스반테.

2018년 10월 31일 영국 런던

윈스턴 처칠과 다른 11명의 유명한
지도자들 동상에 둘러싸인 채
연설을 준비하고 있는 그레타

2018년 10월 31일 영국 런던

뒤쪽에 서 있는 사람들한테까지 그레타의
목소리를 전하기에 확성기 소리가 충분치 않았다.
그러자 앞쪽의 100명 남짓한 시위자들이 그레타에게
가급적 짧은 문장으로 연설해 달라고 부탁했고,
모두가 함께 큰 소리로 반복해 뒤쪽에까지
그레타의 연설을 전달할 수 있었다.

2018년 10월 31일 영국 런던

스웨덴 국회의사당 앞에서 파업을 하고 있는 십 대 소녀가
영국 정부의 기후 정책에 항의하는 연설을 듣기 위해
약 1000명의 사람들이 모였다.

2018년 10월 31일

군중 한가운데 있는 것은 그레타에게 힘든 도전이다.
자폐증을 앓는 이 대부분은 많은 사람과 심한 소음,
강렬한 느낌을 주는 환경에서 몹시 힘들어 한다.

2018년 10월 31일 영국 런던

그레타는 시위가 끝나기 전 의회 광장을 떠났다.
서둘러서 금요일 파업 현장에 늦지 않게 돌아가야 했다.

2018년 10월 31일 영국 런던

그레타는 금요일 파업 때문에 수업에 빠지지만
수업 과제 책을 읽으면서 부족한 공부를 보충한다.

2018년 11월 23일 스웨덴 스톡홀름

그레타는 9학년 가을부터 등교하기 시작한 새 학교를 마음에 들어 했다.
그곳에서 변형된 학습 프로그램에 참여했는데, 현재는 크링글라 학교의 굿메모리 지원으로
금요일 '학교 파업'이 있을 경우에도 학업을 계속할 수 있다.

2018년 11월 7일 스웨덴 쇠데르텔리에

그레타가 우울증에 빠졌던
열한 살 때 큰 위안을 준 반려견 모세

2018년 11월 22일 스웨덴 스톡홀름

미국 여행을 앞둔 그레타는
'모세와 록시를 비롯하여 영상통화로 만날 수 있는 반려견들' 가운데
누구를 가장 보고 싶은지 질문을 받았다.

2018년 11월 22일 스웨덴 스톡홀름

크리스마스 3일 전, 붉은 등이
켜져 있는 국회의사당 주변 거리.
사거 궁전에 불이 들어와 있지만
그레타가 파업 장소를 향해 걸어가고 있을 때
거리는 텅 비어 있다.

2018년 12월 21일 스웨덴 스톡홀름

안트베르펜에서 열리는 기후 파업에서
그레타의 도착을 기다리는 올리비아 엥겔스 Olivia Engels 와
피엔 드 뭉크 Fien De Munck, 로시 소에터스 Locy Soeters

2019년 2월 28일 벨기에 안트베르펜

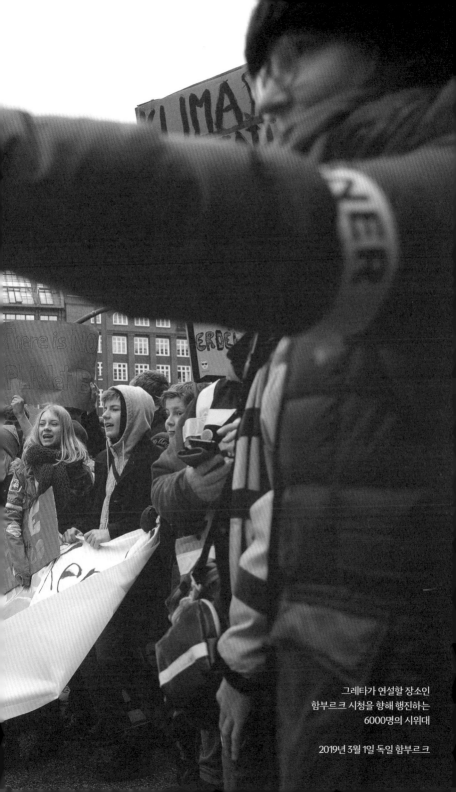

그레타가 연설할 장소인
함부르크 시청을 향해 행진하는
6000명의 시위대

2019년 3월 1일 독일 함부르크

함부르크의 호텔 로비에서 대기 중인 취재진과 사진기자들.
주간지 〈슈피겔〉에서만 7명의 기자가 왔다.

2019년 3월 1일 독일 함부르크

기차를 타고 유럽을 여행하는 그레타. "저는 천천히
여행하는 것을 좋아해요. 시위가 열리는 장소와 도시들을
볼 수 있어서요. 지리도 배울 수 있고요."

2019년 3월 1일 덴마크 팔스테르

안트베르펜과 함부르크에서 열린
기후 행진과 연설을 끝낸 그레타는
기자회견과 인터뷰를 마치고
스톡홀름행 기차에 탑승했다.

2019년 3월 1일 덴마크 로드비

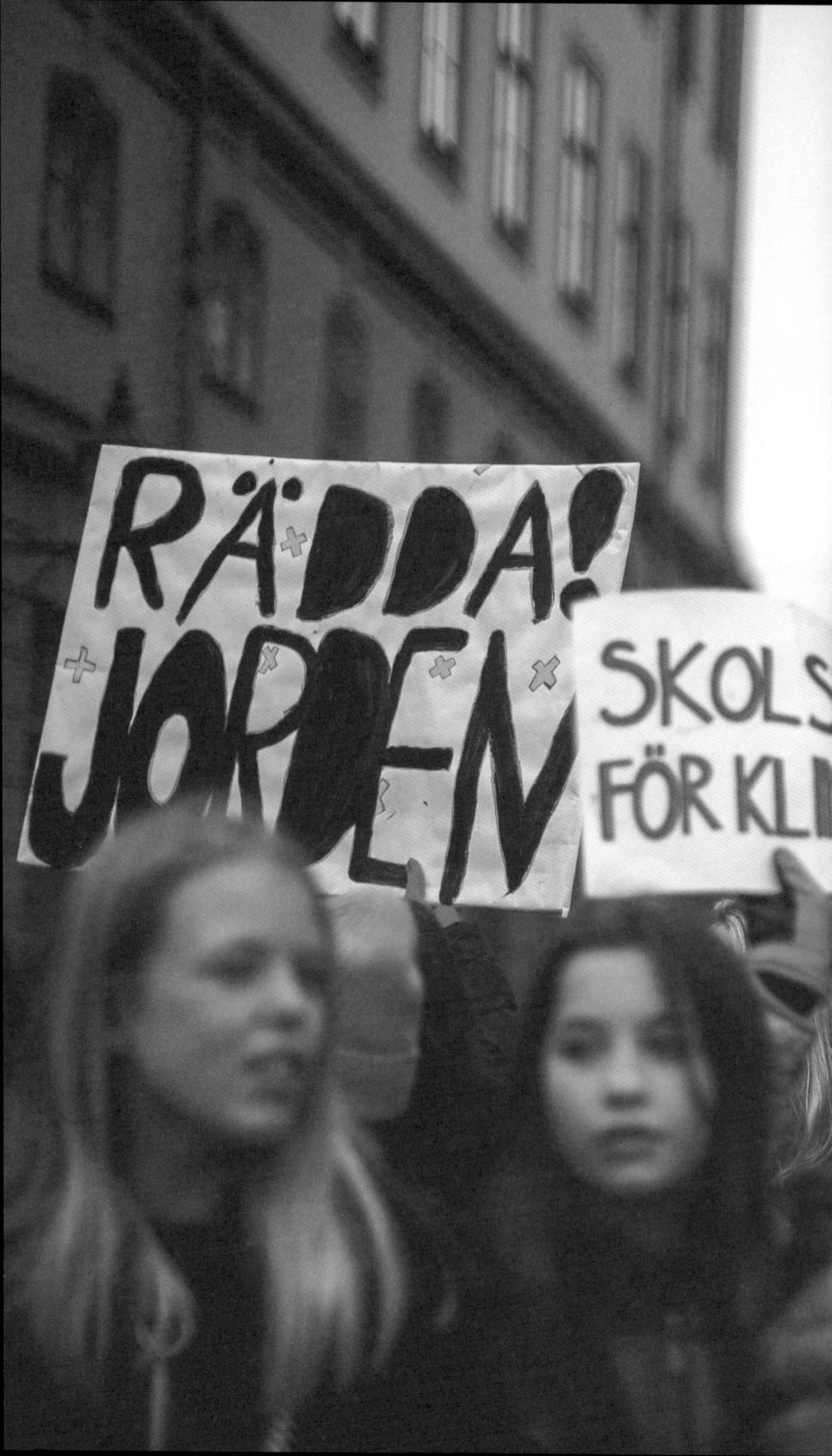
RÄDDA!
JORDEN
SKOLS
FÖR KLI

'미래를 위한 글로벌 기후 파업'에 참여하기 위해 모인
수천 명의 학생들. 140여 개국의 사람들이
하루 종일 파업에 동참했다.

2019년 3월 15일 스웨덴 스톡홀름

학교 파업을 시작한 첫 6개월 동안 단 세 명의 정당 지도자가 그레타와 대화를 나누기 위해 걸음을 멈추었다. 그러나 3월에 글로벌 파업이 진행되는 동안에는 좌파당의 요나스 쇠스테트Jonas Sjöstedt를 비롯 몇몇 정치인이 옛을 방문하여 언론과 인터뷰할 기회를 선택했다.

2019년 3월 15일 스웨덴 스톡홀름

자신의 연설을 기다리는 사람들이
얼마나 많은지 살펴보는 그레타

2019년 5월 24일 스웨덴 스톡홀름

"지도자들은 우리에게 실망감을 주었고,
정치인들도 우리에게 실망감을 주었고,
언론도 우리에게 실망감을 주었습니다.
이런 실망스러운 상황에서 우리는 교육을
희생해서라도 어른들이 감히 하지 못하는
이 모든 일들을 해내야 합니다."

2019년 5월 24일 스웨덴 스톡홀름

민토 르엣에서 몇 시간 동안 앉아 있던 그레타와
다른 파업 동참자들이 쿵스드래고덴 공원에서
시위자들과 셀카를 찍고 있다.

2019년 5월 24일 스웨덴 스톡홀름

그레타와 파업을 했던 아들이
청중과 함께 찍은 사진을 보고 있다.

2019년 5월 24일 스웨덴 스톡홀름

가장 어린 학생들이 졸업반 학생들과 손을 잡고 있다. 크링글라 학교에서 열린 9학년 졸업식에서 그레타는 '올해의 롤모델'로 선정되었다.

2019년 6월 12일 스웨덴 쇠데르텔리에

그레타가 종합 중등학교를 졸업하고
반 친구들, 선생님들과 작별 인사를 하고 있다.
그레타는 시르카 뻬르손Sirkka Persson 교장 선생님과
가장 오랫동안 포옹을 했다.

2019년 6월 12일

한 TV 제작사가 민토 르엣에 스튜디오를 차렸다.
미국으로 떠나기 전 그레타의 마지막 파업이었다.
그레타와 인터뷰하고 싶어 하는 기자들은
줄을 서서 대기해야 했다.

2019년 6월 12일 스웨덴 스톡홀름

03

바다로

2019년 8월 26일, 오후 2시

군용기가 그들을 따라잡기 전까지는 모든 것이 조용했다. 탁 트인 바다에서 단조로운 작업을 하고 있던 다섯 사람은 바람과 날씨와 방향에 온 신경을 집중했다. 이번 월요일은 화창해서 재킷 안의 티셔츠 하나로 충분한 날씨였다. 미국 동부 해안에 도착할 때까지 이틀이 남은 시점이었다. 유럽에서부터 돛을 달고 12일을 항해한 끝에 이곳까지 올 수 있었던 것은 그레타의 완고한 성격 덕분이었다.

그레타의 마지막 비행기 탑승은 5학년 스포츠 휴가 때 그란 카나리아 섬에 갔을 때였다. 탄소 배출이 기후에 미치는 영향에 관해 많은 글을 읽은 후부터 그레타는 비행을 중단했다.

"저는 현대 사회에서 환경 파괴 없이 지속 가능한 삶을 사는 것이 얼마나 힘든지 보여 주고 싶어서 항해를 결심했어요." 그레타가 말했다. "비행을 하지 않으려면 다른 사람의 요트를 얻어 탈 수밖에 없는 상황이었죠."

그래서 지금 경주용 요트에 올라 갑판에 앉아 있었다. 그것도 대서양 한가운데에서.

그레타와 스반테 외에도 스웨덴인 촬영 감독 네이션 그로스먼

Nathan Grossman이 그레타에 관한 장편 다큐멘터리의 마지막 부분을 찍기 위해 요트에 함께 올랐다. 요트를 조종하는 사람은 모나코 왕족 후손인 피에르 카시라기Pierre Casiraghi – 모나코 왕자 레니에 3세와 미국인 여배우 그레이스 켈리의 손자 – 와 독일인 선장 보리스 헤르만Boris Herrmann이었다. 요트에 더 이상 탈 자리가 없어서 로저와 나는 스웨덴에 남아 있었다.

이들 다섯은 여러 모로 다른 점이 많았다. 나단과 그레타가 차분하고 내성적이라면 피에르는 어릿광대를 방불케 할 정도로 외향적이었다. 배우인 그레타의 아빠 스반테와 외로운 선장 보리스는 그 중간쯤이었고, 보리스가 대조적인 성격의 두 사람 – 친구 피에르와 새로운 친구 그레타 – 이 앉아 있던 당시 상황을 내게 설명한 적이 있다. 피에르는 연달아 질문을 던졌고, 그레타는 단조로운 음성으로 아주 짧게 답했다. 장황한 질문에는 아예 대답하지 않았다. 보리스는 어색한 분위기를 그냥 내버려두었다. 그러고 나서 30분쯤 지나 살펴보니 피에르는 움켜쥔 칫솔을 마이크 삼아 샤를 아즈나부르의 상송을 립싱크하고 있었다. 그레타도 맘껏 즐기고 있었다. 선상에서 가끔 벌어지는 재미난 삶이었다. 단조로운 소음 속에서 현기증 나게 들뜬 휴식 시간.

별안간 하늘에서 우르릉 소리가 났다. 군용기가 그냥 지나치지 않고 18미터 길이의 외로운 요트 위에서 빙그르 선회했다. 호리호리한 체형의 네이션 그로스먼이 다소 구부정한 자세로 조종석에 오더니 소리쳤다. "대체 저게 뭐야?"

그레타는 갑판 위 자기 자리를 떠나 다른 사람들에게 슬금슬금 다가갔다. 배 위의 삶은 단순했고, 대서양을 횡단하는 동안 기본적인 욕구도 줄어들었다. 필요 이상으로 넘치는 것이 없었는데, 오히려 이것이 그레타의 성미에 잘 맞았다. 매일 아침 빵, 점심과 저녁으로 냉동 건조 식품을 먹었다. 포장지에 뜨거운 물을 부으면 리소토와 칠리신 카르네가 부풀어 올랐고, 침묵의 시간이 이어졌다.

날씨가 좋을 때는 종종 갑판에 나와 앉아 있곤 했지만, 비가 오거나 바람이 세차게 불면 조타실에 옹기종기 모여 있어야 했다. 그레타는 매일 긴 머리를 빗질했는데 습기를 머금은 머리칼이 뒤엉켜 아파했다. 요즘에는 양 갈래가 아닌 한 갈래로 땋은 머리를 하고 있다.

항해 경험이 전혀 없는 십 대를 경주용 요트에 태우고 대서양을 횡단하는 상황은 일반 상식과는 거리가 멀었다. 선장과 승무원은 두 명의 풋내기 선원을 배에 태우기 전에 세심하게 준비해야 했다. 네이선 그로스먼은 어려서부터 항해를 해왔지만 그레타와 스반테는 항해 경험이 전혀 없었다. 항해 도중 발생할지 모를 만일의 사태를 대비해 선장은 아조레스 제도에서 비상 정지 하는 계획을 세웠다. 멀미를 예방하거나 완화할 수 있는 약을 비치하고 심한 멀미로 탈수 증상이 생길 위험에 대비해 링거도 준비했다. 항해를 계획하는 단계에서 다른 선원들이 보리스 선장에게 질문을 쏟아냈다. 그레타를 배에 태우는 것이 책임감 있는 행동인가요? 그레타에게 무슨 일이라도 생기면 어떻게 하죠?

이제 미국 본토까지 남은 거리는 얼마 되지 않았고, 보리스는 어린 스웨덴 소녀가 이번 항해에서 다른 사람들 못지않게 잘 견뎌 냈다고 결론 내렸다. 그레타는 뱃멀미를 거의 하지 않았고, 불편함이나 견디기 힘든 조건에 대해 불평하지도 않았다. 그 대신 잠을 청했다. 적어도 하루 열두 시간, 때로는 열네댓 시간씩 잠을 잤다. 그레타가 잠에서 깨어나 힘겹게 옷을 챙겨 입을 때면 다른 사람들은 벌써 자리에서 일어나 분주하게 움직이고 있었다. 항해 도중 보리스 헤르만은 열여섯 살 승객이 배 위에서 그럭저럭 잘 지내고 있다고 생각했다. 그레타는 차분했다.

"마치 2주 동안 잠시나마 휴식 시간을 갖는 듯했습니다."

지난 열 달 동안 그레타의 삶은 치열했다. 12월에 카토비체에서 열린 제24차 유엔기후변화협약 당사국총회(COP24)가 그 시발점이었다. 당시 그레타에게는 총회에서 3분 동안 연설할 기회가 주어졌고 그 동영상이 입소문을 탔다. 그레타는 눈을 깜빡이며 흔들림 없는 목소리로 전 세계 지도자들에게 말했다. 자신과 젊은이들이 폴란드를 찾아온 것은 의사 결정자들에게 관심을 가져 달라고 애원하기 위해서가 아니라고.

"여러분은 과거에 우리를 무시해 왔고, 앞으로도 또다시 우리를 무시할 것입니다." 그레타는 말을 이어 갔다. "우리가 이곳에 온 것은 여러분이 좋아하든 싫어하든 변화가 다가오고 있음을 알려 주기 위해서입니다."

미국에서는 버니 샌더스Bernie Sanders와 정치계의 떠오르는 신성 알렉산드리아 오카시오코르테즈Alexandria Ocasio Cortéz가 이 동영상을 공유했다.

그로부터 얼마 지나지 않은 2019년 1월, 어느 금요일 스위스 다보스에서 세계경제포럼이 개최되었다. 그곳에서 그레타는 세계에서 가장 부유하고 경제적으로 영향력 있는 사람들에게 "집이 불타고 있다."고 "몇몇 사람들은 다른 사람들보다 더 무거운 책임감을 가져야 한다."고 말했다. "여러분의 탄소 발자국이 크면 클수록 도덕적인 의무도 더 커져야 합니다."

다보스 세계경제포럼 개최와 동시에 수만 명의 학생들이 브뤼셀에서 파업에 돌입하는 놀라운 상황이 벌어졌다.

2019년 봄, 그레타는 이탈리아 상원, 영국 하원, 유럽의회 환경위원회 연단에 올랐다. 교황과 악수를 했고, 스톡홀름을 방문한 버락 오바마 대통령과 악수를 나누었다.

그러는 동안 그레타가 시작한 운동은 점점 확산되었다. 3월에 처음으로 글로벌 파업이 일어났고, 5월에 두 번째 파업이 있었다. 주최 측에 따르면, 총 300만 명 이상이 지구촌 곳곳에서 파업에 참여했다. 그들이 전달하는 메시지는 동일했다.

우리 정치 지도자들이 기후 위기를 멈추기 위해 행동에 나서야 한다.
기후 위기를 위기처럼 다루어야 한다.

왜 그레타의 운동이 효과가 있었을까? 어떻게 그레타의 운동이 이토록 세를 불릴 수 있었을까?

수십 년간 기후 환경 운동은 인간이 주변 환경을 어떻게 파괴하는지 그 관계를 밝히기 위해 노력해 왔다. 아프리카 대륙의 작은 공동체들, 아시아의 북적거리는 도시들, 미국과 유럽의 정치적 협상 테이블 등에서 서로 교류하면서 기후 환경 조직들이 전 세계 곳곳에 결성되었고, 그레타가 파업을 시작하자 이렇게 구축된 기존의 조직들을 통해 메시지가 공유된 것이었다.

대중은 그레타의 목소리에 귀를 기울였다. 아마도 조용하고 머뭇

거리는 동시에 너무나도 솔직한 소통 방식이 대중의 관심을 끌었을 것이다. 기후 문제에 헌신하면서 의미를 찾으려 하는 외롭고 우울한 소녀의 이야기가 사람들의 심금을 울렸을 것이다. 물론 시간도 그레타에게 도움이 되는 또 다른 요소였다. 이제는 정치계에서 무시할 수 없을 정도로 절박한 위기 상황이 닥쳤기 때문이다. 상황은 점점 더 악화될 뿐이었다.

기차와 전기차로 여행하는 동안 그레타는 연설문을 쓰고 숙제를 했다. 집을 떠나 있을 때는 보충 과제를 풀면서 9학년 통과를 위해 열심히 노력했다. 금요일 파업으로 빠진 수업을 보충하기 위해 밤늦게까지 공부한 덕분에 17개 중 14개 과목에서 A학점을 받았고, 6월에 무사히 졸업할 수 있었다.

"말리치아호, 여기는 초계기 113입니다. 안녕하세요."

무선통신 스피커에서 굵직한 남자 목소리가 흘러나왔다. 피에르 카시라기가 촬영하고 있던 이 상황은 마치 할리우드 영화의 한 장면을 보는 듯했다. 다섯 명 모두 조타실에 모여 있었다. 보리스 선장은 무선통신 마이크에 입을 바짝 대고 응답했다.

"안녕하세요, 여기는 말리치아호입니다, 오버."

"안녕하세요 말리치아호, 초계기 113입니다. 일상적인 작전을 수행하는 캐나다 초계기입니다. 괜찮으시다면, 몇 가지 질문을 해도 되겠습니까?"

그레타는 소리를 잘 들으려고 몸을 숙였다.

말리치아호에서 단절된 삶을 살아가던 선원들 앞에 비행기 한 대가 불쑥 나타난 그날은, 안토니오 구테흐스 António Guterres 사무총장이 그레타에게 요청한 유엔기후행동 정상회의 연설까지 한 달쯤 남아 있을 때였다. 그레타는 이 회의와 칠레에서 열릴 제25차 유엔기후변화협약 당사국총회에 가기 위해 1년간 휴학을 하고 아빠와 함께 대서양 횡단을 선택했다. 엄마와 동생을 남겨 두고 언제 어떻게 돌아올 수 있는지도 모르는 채 말이다. 그레타는 '지금' 여행을 하고 있다. '나중'은 더 이상 선택 사항이 아니었다. 하루하루 환경 파괴 없이 지속 가능한 사회로의 전환은 점점 더 힘들어지고 있었다. 관건은 시간이었다.

처음부터 스반테가 그레타의 여행에 동행한 것은 어쩌면 당연한 일이었다. 말레나처럼 저녁 무대에 오를 일이 없을 뿐더러 운전면허증도 가지고 있었으니까. 스반테는 이런 역할에 익숙했다. 만난 지 불과 두 달 만에 말레나가 임신을 하자 스반테는 집안일을 위해 자신의 배우 일을 잠시 보류하기로 결심했다. 그렇게 과거에는 아내의 뒤치다꺼리를 했던 스반테가 이제는 딸의 뒤치다꺼리를 하고 있었다. 그렇다면 누가 실제로 모든 비용을 지불했을까? 그레타의 메시지에 비판적인 사람들에게서 종종 이 질문이 튀어나왔다.

"말레나와 저는 공동으로 제작하는 다양한 쇼를 통해 주요한 수입을 올리는 합자회사를 운영하고 있어요." 스반테가 내게 말했다. "그래서 그레타가 우울증을 앓았을 때 제가 집에 남을 수 있었던 것이죠. 그레타가 국제적인 기후 활동가로 유명해졌을 때 동행할 수 있었던 것도 그 덕분이었습니다."

학교 파업 첫해 그레타의 가족이 미국으로 떠났을 때 주 수입원은 스톡홀름의 오스카 극장이었다. 그곳에서 말레나는 뮤지컬 〈천국에 있는 것처럼〉의 가브릴라 역을 연기했다.

대서양 횡단 이전에 그레타는 선상에서 유엔 연설문을 쓸 수 있을 거라고 생각했다. 하지만 그렇게 할 수 없었다. 머릿속이 텅 비어 있는 듯했다. "마치 뇌가 작동하지 않는 듯했어요." 그레타가 설명했다. "뭔가 새로운 것이 느껴지지 않았어요. 그래서인지 저도 모르게 과거의 느낌을 다시 떠올리기 시작했어요. 이미 경험했던 것을 또다시 경험하는 식이었죠."

그레타는 까맣게 잊고 있던 옛 동요를 흥얼거리기 시작했다. "우리에겐 백 살도 훨씬 넘은 물푸레나무가 있어요. 그 나무는 해가 지날수록 점점 커진답니다. 나는 제일 낮은 가지에서 그네를 타요. 종종 앉아서 다리를 달랑달랑 흔들곤 해요." 레나 안데르손Lena Andersson 과 커스틴 안데비Kerstin Andeby의 〈마자의 알파벳 송〉이었다.

매일 바다를 바라보며 시간을 보내면서 불현듯 잊고 있던 장소와 사람들과 사건들에 대한 기억이 새록새록 되살아났다. 학교 파업을 시작한 이후로 떠올린 적이 없는 기억들이었다. 초등학교 시절 어린이 합창단과 함께했던 콘서트, 먼 친척 집의 거실, 유치원에서 했던 게임 등등.

"마치 처음부터 인생을 다시 사는 느낌이 들었어요." 그레타가 말했다.

말리치아호의 조타실에서 보리스 헤르만은 초계기에서 보낸 질문에 답했다.

"등록 항구는 독일 함부르크입니다."

"알았습니다, 선박의 마지막 항구와 기항지를 알려 주시기 바랍니다."

초계기에서 무선으로 말했다.

"마지막 항구는 영국 플리머스…… 기항지는…… 뉴욕입니다."

얼마 지나지 않아 그들은 뉴욕에 도착했다. 수백만 대도시에서 풍기는 특유의 냄새가 느껴지는 듯하더니 수백 명의 인파가 시야에 들어왔다. 페이스페인팅을 했거나 팻말을 든 사람들이 환호성을 지르며 그레타를 환영하고 있었다.

환영합니다, 그레타!

17척의 보트가 알록달록한 돛을 달고 접근해 오자 그레타의 아빠는 감동의 눈물을 흘렸다. 돛에 적힌 문구들은 유엔에서 보낸 지구의 지속 가능성을 위한 목표들이었다. '빈곤 추방', '기아 종식', '만인을 위한 질 높은 교육', '성 평등', '평화롭고 성 차별 없는 사회', '기후 변화에 맞서기 위한 긴급 조치' 등등.

그레타가 자유의 여신상을 지나가는 모습이 전 세계에 생중계되고 있었다. 수많은 인파, 보트, 빛깔들, 쓰레기, 매연 등. 그레타는 이 모든 광경에 점점 지치기 시작했다. 이제 막 비행기와 교신을 끝낸 남자의 기계적인 음성은 앞으로 닥칠 상황의 예고편이나 마찬가지였다.

"저희는 16번과 10번 채널에서 대기하고 있겠습니다. 안전한 하루, 즐거운 여행이 되길 바랍니다."

보리스 헤르만이 작별 인사를 하려고 할 때 캐나다인 무선통신사의 목소리가 다시 흘러나왔다. 똑같이 단조로운 톤이었지만 이번에는 가장 나이 어린 선원에게 전하는 메시지였다.

"제 딸이 페이스북에서 당신을 팔로우하고 있습니다. 당신이 하는 일에 굉장히 기뻐하고 있어요. 정말 감사합니다."

어떻게 여기까지 오게 된 것일까

인류의 행동 때문에 기후가 변화하고 있다는 사실은 새삼스러운 것이 아니다. 심지어 19세기 말에도 과학자들은 대기 중의 이산화탄소와 수증기가 지구 온도 상승과 관련이 있음을 알고 있었다. 1950년대 초 석유산업 연구자들 또한 그들의 활동에 위험이 뒤따른다는 사실을 잘 알고 있었다. 미국 대통령 린든 B. 존슨이 과학 자문위원회로부터 받은 보고서에는 '광범위한 지구물리학 실험'으로 산업화를 묘사하며, 결국 상당한 온도 변화가 발생해 만년설이 녹게 된다는 주장이 담겨 있었다. 베트남 전쟁이 한창이던 1965년이었다.

1988년 여름, 미국 역사상 최악의 가뭄이 발생했는데 미시시피강의 수위가 낮아져서 화물선 운행이 중단될 정도였다. 옐로스톤 국립공원에서는 화재가 기승을 부렸다. 1988년은 대기 중 이산화탄소 농도가 350피피엠을 넘긴 해이기도 했다. 기후학자 제임스 핸슨James Hansen에 따르면, 이 수치는 '안전 수준' 즉 인류가 탄소 배출량을 제로로 만드는 이른바 '탄소 역배출'을 통해 대기 중 이산화탄소를 낮추기 위한 노력이 필요한 수준이었다. 여전히 우리가 가야 할 길은 아주 멀다. 인류의 탄소 배출량 절반 이상이 이 수치를 넘어선 이후에 생성되었기 때문이다.

타는 듯이 더웠던 1988년 어느 여름날, 제임스 핸슨이 미국 상원에서 증언한 다음 날 〈뉴욕 타임스〉 1면에는 다음과 같은 기사가 실렸다.

지구온난화가 시작되었다, 상원에서 전문가가 주장하다.

이듬해 11월, 마거릿 대처Margaret Thatcher 영국 수상은 유엔총회 연설에서 이렇게 말했다.

"전 세계가 직면하고 있는 환경 문제에 맞서려면 세계 전체가 동등하게 대응해야 합니다. 모든 국가가 영향을 받을 것이기에 어느 한 국가도 예외가 될 수 없습니다. (······) 산업화된 국가들은 그렇지 않은 국가들에게 도움을 주기 위해 더 많이 기여해야 합니다."

정치 지도자들이 모여서 협상을 했고, 다시 또 모였다. 1977년 교토에서 처음으로 기후변화 의정서가 체결되었고, 그 이후 2015년 파리에서 다시 기후변화협약이 체결되었다. 그러나 2001년 미국이 교토의정서에서 탈퇴하기로 결정하자 파리협약은 힘을 잃었다. 결국 파리협약은 상징성을 갖는 정도의 효력만 발휘할 수 있었다.

이제 전 세계 각국은 또 다른 극적인 정치적 실패를 향해 가고 있다. 파리협약 체결 이후 전 세계 탄소 배출량 비율은 꾸준히 증가 추세를 보였다. 유엔환경회의(UNEP)의 〈생산 격차 보고서〉에 따르면, 향후 10년간 세계 각국은 지구 온도 1.5도 상승 목표를 위한 가용 탄소 예산보다 120퍼센트 높은 수준의 화석연료 생산을 준비하고 있다. 만약 기후 목표를 위한 전환을 제때 이루려면 기존 계획은 파기되고 계약은 깨져야 할 것이다. 아울러 그 전환은 유례없는 규모와 속도로 진행되어야 할 것이다. 그러나 기후 위기는 단순히 과학과 보조를 맞춰 행동해야 할 정치인들의 무능력에서만 기인하는 것은 아니다. 이러한 상황 악화에 책임을 져야 할 또 다른 배우들이 있다.

땅 밑에서 석유와 가스, 석탄을 채굴하는 기업들이 전 세계에서 경제적으로 가장 강력한 산업을 형성하고 있다. 수십 년 동안 미국 화석연료 산업에 몸담고 있는 거대 기업들은 자신들의 활동이 지구온난화를 부추기고 있다는 사실을 익히 잘 알고 있다. 그들은 연구 부서들을 갖추고 있으며, 서로 정보를 교환하고 있다. 그런 이유로 탄소 배출을 줄이는 전환기로 옮겨 가는 대신 캠페인을 벌인다. 그리고 그들이 벌이는 이런저런 캠페인을 통해 과학을 불신하는 의심이 확산되고 있다. 즉 의도적으로 이런 과도기를 지연시키고, 대중이 상황의 심각성을 제대로 이해하지 못하게 방해하고 있는 것이다. 지난 10년 동안 과학자와 언론인들은 석유 회사들의 경영 정보가 담긴 내부 문서를 폭로해 왔다. 특히 가짜 전문가들을 이용하고, 음모론을 퍼뜨리고, 문맥에 맞지 않게 과학 문서를 이용하는 등 대중을 속이기 위한 전술을 주로 폭로했다. 이것은 담배 회사들이 구사하는 전술을 그대로 빌려온 것으로 흡연의 위험성을 제대로 인식하지 못하게 하려는 것과 동일한 방식의 수법이었다.

기후 문제에 대한 정보 왜곡은 21세기에도 계속되었다. 환경사회학자 로버트 브룰Robert J. Brulle의 2013년 연구에 따르면, 2003년부터 2010년까지 기후 문제를 부정하는 미국의 싱크탱크와 로비스트 단체와 통상 조직들이 연평균 약 9억 달러의 예산으로 운영되었다.

기후 위기는 정치적 실패뿐만 아니라 신업계의 의도적인 속임수, 환경에 해를 끼치는 인간 활동이 모두 합쳐져 생긴 결과물이다. 여기에 언론인들도 한몫을 하고 있다. 언론은 모든 민주주의 시스템의 핵심 원리이며, 의사 결정을 내리는 시민들에게 정보를 제공한다는 확실한 임무를 가지고 있다. 이런 언론을 통해 시민들이 원하는 정치가 이루어질 수 있다. 빌

코바치[Bill Kovach]와 톰 로젠스틸[Tom Rosenstiel]은 그들의 저서 《저널리즘의 기본원칙》(2001)에서 이렇게 적었다.

1. 저널리즘의 첫 번째 의무는 진실이다.
2. 저널리즘이 가장 먼저 충성해야 할 대상은 시민이다.
3. 저널리즘의 핵심은 검증을 위한 단련, 즉 발생한 사건을 정확히 묘사하기 위해 끊임없이 노력하는 것이다.

1988년에 기후로 인한 재난을 피하기 위해 약간의 변화가 필요했다면 2021년에 필요한 것은 대대적인 변화이다. 하지만 그럼에도 불구하고 위기의 심각성에 대해 아직 모르는 부분이 많이 있다.

2020년 여름, 로이터 저널리즘연구소의 연구원들은 현 상황을 요약한 보고서를 발표했다.

기후 변화를 매우 심각한 문제로 여기는 응답자 비율

90	69	50
칠레와 케냐	모든 응답자 평균	스웨덴

기후 변화를 전혀 심각한 문제로 여기지 않는 응답자 비율

12	9	8	7	5	3
미국	스웨덴	오스트레일리아	노르웨이	네덜란드	모든 응답자 평균

출처 : 2020년 로이터 연구소 디지털 뉴스 리포트.

방법 : 40개국에서 8만 명이 참여한 온라인 패널. 참여자들은 연령, 성별, 지역 및 교육 수준에 따른 할당량을 토대로 선정되었다. 그러나 이 방식은 고학력자들이 상대적으로 인터넷에 훨씬 쉽게 접근할 수 있는 후진국에서 결과를 왜곡시킬 수 있다. 한편 스웨덴의 경우, 역사적으로 모집된 온라인 패널이 기후 문제에 회의적인 태도를 가진 스웨덴 민주당 동조자들의 비율을 과대평가하는 경향을 보이고 있다.

올바른 정보와
정치적 약속에도 불구하고
인류에 미치는
극적인 영향

출처 : UC 샌디에이고 스크립스 해양학연구소

① 1979년 첫 번째 세계 기후 회의

② 1988년 유엔에서 기후변화에
정부 간 협의체(IPCC) 설립

③ 1995년 베를린에서 유엔 기후
COP1이 개최되었고, 그 후 연
기후 회의 개최

④ 1997년 교토의정서 서명

⑤ 2001년 미국은 교토의정서를
비준하지 않기로 결정

⑥ 2005년 유럽연합에서 온실기
거래 시스템 시작

⑦ 2005년 교토의정서가 발효되
실질적으로 상징성만 보유

⑧ 2009년 덴마크 코펜하겐에서
COP15 개최

⑨ 2015년 파리에서 열린 COP2
파리기후변화협약이 발효

⑩ 2017년 도널드 트럼프 미국 대
2020년 11월 대통령 선거 이후
파리협약 탈퇴 발표

⑪ 2018년 IPCC에서 〈1.5도 보고

⑫ 2019년 뉴욕에서 유엘 특별 기
마드리드에서 COP25 개최

⑬ 글래스고에서 개최 예정이었
COP26 코로나 팬데믹으로 연

⑭ 2021년 미국이 파리협약에 자

IPCC는 1850~1900년을
'산업화 이전 시대'를
나타내는 기준 연도로
이용하고 있다.

현재 상황

지난 80만 년 동안
대기 중 이산화탄소

1958년까지는 빙상코어에서 데이터를 검출했다.
그 후 마우나로아에서 데이터를 수집했다.

역사적으로 이산화탄소의 대기 중 수치 변화는
주로 태양과 지구의 위치와 관련이 있었다.
아주 오랜 세월 이 수치는 주기적인 변화를
유지해 왔다. 그러나 산업혁명의 결과로
이 흐름에 변동이 생겼다.

| 80만 년 전 | 40만 년 전 | 20만 년 전 | 현재 |

산업화 이전 시대

1850년

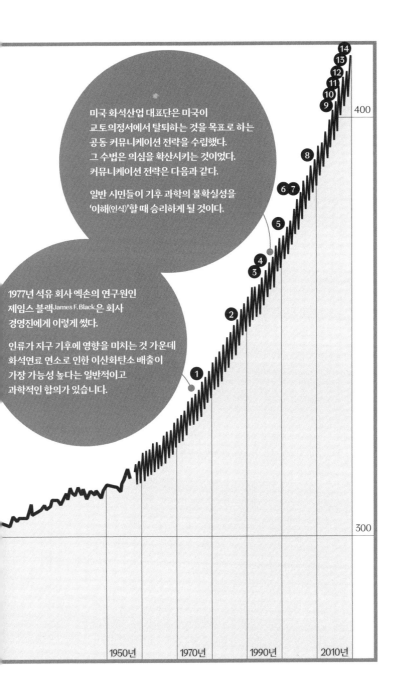

미국 화석산업 대표단은 미국이
교토의정서에서 탈퇴하는 것을 목표로 하는
공동 커뮤니케이션 전략을 수립했다.
그 수법은 의심을 확산시키는 것이었다.
커뮤니케이션 전략은 다음과 같다.

일반 시민들이 기후 과학의 불확실성을
'이해(인식)'할 때 승리하게 될 것이다.

1977년 석유 회사 엑손의 연구원인
제임스 블랙James F. Black은 회사
경영진에게 이렇게 썼다.

인류가 지구 기후에 영향을 미치는 것 가운데
화석연료 연소로 인한 이산화탄소 배출이
가장 가능성 높다는 일반적이고
과학적인 합의가 있습니다.

400

300

1950년   1970년   1990년   2010년

04

어떻게 감히 그럴 수 있나요

2019년 9월 23일

스톡홀름 쿵스홀멘에 있는 취조실에서 말레나 에른만은 테이블 건너편에 있는 경찰관에게 봉투 4장을 건넸다. 그중 2장에는 배설물이, 다른 2장에는 살해 협박이 담겨 있었다.

"증거물을 제출하고 싶어요." 그녀가 말했다.

말레나가 협박 대상이 된 것은 어제오늘의 일이 아니었다. 말레나는 스웨덴에서 내로라하는 유명 오페라 가수였다. 그레타의 요구로 생활방식을 바꾸기 전까지 말레나의 역할은 가족을 비행기에 태워 브뤼셀, 베를린, 비엔나 등지로 보내는 것이었다. 이곳에서 몇 달, 저곳에서 몇 달씩 고급 임대 아파트에 머물렀다. 말레나는 〈피가로의 결혼〉, 〈미스 줄리〉, 〈돈 조반니〉 같은 오페라에서 노래했다. 2009년에는 스웨덴 대표로 참가한 유로비전 송콘테스트에 우승하면서 전 국민의 사랑을 받았다. 말레나는 거침없이 소신껏 말하는 저명인사이기도 했는데, 2016년 스웨덴 정부가 망명법을 강화하는 계획을 세우자 자신의 소셜 미디어에 이렇게 썼다.

당당히 맞서자. 아이를 가진 가족이 서로 떨어지게 하지 말자.
#법을 파기하라.

말레나를 증오하는 사람들은 점점 늘어났다. 그리고 9월의 어느 날 오후, 말레나는 자신이 맡은 또 다른 역할, 즉 엄마로서 경찰에게 증거물을 제출하고 있었다.

스톡홀름의 엄숙한 취조실에서 말레나는 경찰관에게 모든 사실을 털어놓았다. 그중 한 통의 편지는 그레타가 파업을 멈추지 않을 경우 가족 전체, 심지어 그들이 키우는 개까지 '토막 내겠다.'고 협박하는 내용이었다. 다른 날 밤에는 가족이 사는 건물 현관 밖에서 서성이던 한 사람이 이탈리아어로 고함을 질렀다. 훗날 말레나는 그 뜻을 번역해서 알았다고 내게 말했다.

"내가 네 딸을 죽여 버릴 거야, 이 썩을 년아!"

잠시 후 말레나는 휴식이 필요했다.

"제 딸이 유엔에서 연설할 거예요."

뉴욕 유엔 건물 안 휴게실, 오전 10시 직전이었다. 그레타는 인쇄된 연설문을 거듭 살펴보고 있었다. 지난 며칠 동안 그레타의 이전 연설문 중 일부가 건물 외벽에 투사되었다. 덕분에 지나가는 행인들이 그 글을 읽을 수 있었다.

최선을 다하는 것만으로는 더 이상 충분하지 않습니다.

우리는 불가능해 보이는 것들을 모두 해내야 합니다.

"안녕하세요." 한 여성이 그레타 옆에 앉으며 반갑게 인사했다. 독일 총리 앙겔라 메르켈Angela Merkel이었다. 그 방에서 의사 결정자는 그녀뿐만이 아니었다. 그날 전 세계의 정부 수반들이 뉴욕에 모여 있었다. 그레타는 그들 앞에서 막 연설할 참이었다. 몇 달 전부터 연설에서 무슨 말을 해야 할지 심사숙고했다.

"저는 그 사람들을 부끄럽게 하고 싶었어요." 그레타가 말했다. "사람들의 위선을 훌러덩 벗겨 버리고 싶었죠."

독일 총리는 그레타를 향해 미소를 지으면서 근처에 서 있던 한 동료를 가리키며 물었다. "제 동료에게 부탁해서 같이 사진을 찍어도 될까요? 소셜 미디어에 사진을 올리고 싶어서요."

지금으로부터 거의 25년 전, 앙겔라 메르켈은 베를린에서 처음으로 열린 유엔기후변화협약 당사국총회 때 환경부 장관이었다. 당시 IPCC는 이미 6년 이상 유지되고 있었는데, 그들은 지구온난화와 그 파괴적인 영향을 억제하기 위해 광범위한 정치 개혁이 필요하다는 점을 분명히 밝힌 바 있다.

앙겔라 메르켈의 휴대폰 카메라가 그레타를 불멸의 존재로 영원히 남기던 그 순간에도 유엔 사무총장 안토니오 구테흐스가 전 세계 정상들을 임시 회의에 소집할 정도로 상황은 매우 급박하게 돌아가고 있었다. 세계 각국은 탄소 배출을 줄이려고 노력했지만 파리협약에서 정한 목표를 달성하기에는 역부족이었다.

이윽고 그레타의 차례가 되었다. 그레타는 기다리는 동안 무대 위 의자에 앉아 있었다.

"저는 기후 위기가 아주 중요한 문제이며 관심을 집중해야 한다고 생각했어요." 그레타가 입을 열었다. "하지만 긴장하진 않았어요.

다른 사람들이 스트레스를 받는 상황에서 저는 별로 스트레스를 받지 않거든요."

사회자가 그레타에게 직접 말했다. "당신은 그야말로 전 세계 수백만 청소년의 관심을 불러일으켰습니다. 기후 변화에 대해 행동에 나서야 한다고 주장하면서 말이죠. 그렇다면 오늘 세계 정상들에게 전할 당신의 메시지는 무엇인가요?"

느닷없이 튀어나온 질문이었다. 그레타는 평소처럼 자신의 연설을 신중하게 준비했다. 사실관계는 몇몇 기후학자들을 통해 재확인했다. 하지만 어느 누구도 그 질문에 답하는 것으로 연설이 시작될 거라고 얘기해 주지 않았다.

그레타는 마이크를 조정하고 대답했다. "저의 메시지는 우리가 여러분을 지켜볼 거라는 것입니다."

객석에 앉은 세계 정상들이 박수를 쳤고, 안토니오 구테흐스는 무대 위에서 흐뭇한 미소를 지었지만 그레타는 웃지 않았다. 그레타의 연설이 시작되었다.

그 즈음, 쿵스홀멘의 취조실에는 더 많은 사람들이 찾아왔다. 말레나의 뒤에 몇 명의 경찰관들이 둘러서 있었다. 모두 말레나의 휴대폰 화면을 내려다보면서 그레타의 연설을 들으려 했다.

"이건 아니라고 생각해요. 제가 이 위에 올라와 있어서는 안 됩니다. 저는 대서양 건너편, 제가 다니는 학교에 있어야 합니다."

화면 속에서 그레타가 말했다. 목소리에는 뭔가 특별한 것이 담겨 있었다.

"30년이 넘는 세월 동안 과학은 분명한 입장을 취해 왔습니다. 어떻게 감히 여러분은 계속 외면할 수 있나요? 또 이 자리에 와서 어떻게 감히 할 만큼 하고 있다고 말할 수 있나요? 필요한 정치와 해결책은 아직 어디에도 보이지 않는데 말이죠."

말레나는 이제 확실히 알 수 있었다. 딸이 흥분하여 화가 나 있다는 것을. 연설을 계속하는 동안 화는 쉽게 가라앉지 않았다.

"어떻게 감히 여러분은 평소에 하던 대로 몇몇 기술적인 해법으로 이 문제를 해결할 수 있는 척할 수 있나요?

그레타 역시 유엔총회 연단에 앉아 있는 동안 자신의 반응에 놀랐다. 객석의 정부 수반과 장관들 위로 비치던 조명은 희미해진 반면 환하게 밝은 빛이 그레타의 자리로 향하고 있었다.

"갑자기 울컥했어요." 그레타가 말했다. "아마도 그 순간에 이것이 정말 중요한 연설임을 깨달았던 것 같아요. 각종 미디어와 세계 각국 정상들이 그 자리에 있다는 것을 말이에요."

뭔가 다른 상황이 벌어졌다. 그레타의 인생에서 기후 위기가 거의 일상적으로 삶의 균형을 무너뜨리던 시기, 기후 위기라는 실체가 항상 마음속에 맴돌던 시기가 있었다. 그런데 그 순간 다시 그런 상황이 찾아온 것이다.

"지금 벌어지는 있는 상황은 매우…… 기후 위기는 가늠하기 정말 어려워요." 그레타가 말했다. "하지만 가끔은, 잠깐 동안이라도 그 실제 규모가 눈에 들어올 때가 있어요. 바로 그 자리에서 그런 상황이 벌어졌어요."

4분이라는 짧은 연설이었다. 그레타는 마지막 문장에 많은 공을 들였다. "권력자에게 책임을 전가하거나 아니면 '우리는 당신이 필요없다. 어쨌든 우리 국민이 이것을 해낼 것이다.'라고 말하거나 선택은

이 둘 중에 하나였어요. 결국 선택은 아주 간단했어요." 그레타가 설명했다. "왜냐하면 전 세계 지도자들의 손에 인류의 운명이 달려 있는 것은 아니니까요." 연설에서 그레타는 이렇게 말했다.

"우리는 여러분이 여기서 빠져나가도록 내버려두지 않을 것입니다. 바로 여기, 바로 이 순간이 우리가 더는 물러설 수 없는 한계입니다. 여러분이 좋아하건 싫어하건, 전 세계는 깨어나고 있고, 변화는 다가오고 있습니다."

만약 그레타가 예술가였다면 이 순간을 결정적인 돌파구를 찾은 것처럼 묘사했을 것이다. 주최 측에 따르면, 같은 주에 700만 명 이상의 사람들이 세계 기후 정치의 변화를 요구하면서 거리로 나섰고, 그즈음 그레타의 유엔 연설 동영상이 들불처럼 널리 퍼졌다. 조회 수는 2000만 건을 넘어섰다. 같은 주에 스웨덴 기후 활동가는 인스타그램에서 300만 명의 새로운 팔로워를 얻었다.

그레타는 호위를 받으며 유엔 건물을 빠져나왔다. 몇 블록 떨어진 저지선 밖에서 스반테와 만날 예정이었다. 그레타는 로비의 긴 장벽을 지나갔지만 경비원의 저지로 구석에서 잠시 기다려야 했는데, 이 장면이 현장에 있던 휴대폰 카메라에 포착되었다. "대통령님!" 회의실 맨 끝에 있던 한 기자가 소리쳤다. 도널드 트럼프 미국 대통령이 입장하고 있었다. 그 순간 그레타는 팔짱을 낀 채 불과 몇 미터 뒤에 서 있었다. 트럼프 대통령이 지나가자 그레타는 뚫어져라 그를 쏘아보았다.

스톡홀름 쿵스홀멘의 창 없는 취조실에서 그레타의 엄마는 뒤에 있는 경찰관들을 향해 고개를 돌렸다. 연설이 끝나자 박수 소리가 터져 나왔다. "이것이 제 딸이 하고 있는 일이에요." 말레나가 말했다.

"기후 문제야말로 우리 삶을 위협하는 것입니다."

05

대초원에서

다코타, 2019년 10월 7~8일

처음 검은 소들이 도로 위로 밀려들었을 때 그레타는 밖으로 나와 지켜보고 싶지 않았다. 안전벨트를 맨 채 차 안에 머물렀다. "저는 밖으로 나가는 것이 그리 좋을 것 같지 않았어요." 그레타가 말했다. "소들에게 스트레스를 줄 수 있으니까요. 그러면 길을 건너는 시간이 더 오래 걸릴 수 있잖아요."

로저는 도로 한복판 노란 선 위에 서 있었다. 나는 바로 그 뒤쪽에 있었다. 우리는 뉴욕에 잠시 머물렀고, 우리의 여정에 따라 발생되는 탄소 배출에서 대해 많은 이야기를 나누었다. 우리가 가는 곳마다 비행기를 타고 이동하면서 이렇게 계속 일할 수 있을까? 의구심이 점점 커졌다. 나는 이미 일상생활에서 새로운 선택을 하기 시작했다. 그레타가 내게 영향을 미치고 있었던 걸까?

기자로서 로저와 나는 늘 아슬아슬한 줄타기를 하고 있었다. 우리가 할 일은 그레타의 여정을 최대한 가까이서 지켜보고 독자에게 전달하는 것이었다. 하지만 직업적 역할의 경계를 넘어서 더 가까이 다가갈 수는 없었다. 로저와 나 둘이서 그리고 그레타와 스반테와도 자주 이런 이야기를 나누었다. 하지만 확신하건대, 나의 새로운 선택은 그레타의 말과 행동으로부터 영향을 받은 것이 아니었다. 어디까지나 내가 접한 지식을 통한 나 스스로의 선택이었다. 내 눈에도 위험은 분명해 보였다. 그래서 어떻게든 변화를 도모하는 것이 당연하게 느껴졌다.

래피드 시티 공항에서 렌터카를 가져온 지 두어 시간이 지났다. 우리가 태울 승객은 스반테와 그레타였다. 빌려온 테슬라는 잠시 두고 떠나기로 했다. 노스다코타와 사우스다코타주 사이 경계에 위치한 대초원에는 딱히 전기 자동차를 충전할 곳이 없었다.

그레타는 스탠딩록 보호구역에서 가장 큰 도시인 포트예이츠로부터 초대를 받았다. 그곳 주민은 대부분 라코타와 다코타 부족에 속했다. 3년 전 이 지역 젊은이들은 다코타 액세스 파이프라인 건설을 중단시키기 위해 전국의 아메리카 원주민들을 동원했다. 그들은 공동 식당, 교실, 의료용 텐트를 갖춘 작은 도시 규모의 캠프를 건설했다. 수천 명의 사람들이 모여 기도를 했으며, 불도저가 굴러들어 올 예정인 그들 선조의 매장지에 시신을 안치했다. 경찰은 최루탄과 고무탄과 물대포로 대응했다. 그러다가 마침내 2016년 12월 오바마 대통령의 임기 마지막 주에 계획된 건설이 중단되었다. 24세의 젊은 지도자 토마스 로페즈Thomas Lopez는 ABC 뉴스에서 자신들이 거둔 성공에 대해 이렇게 말했다.

"원주민으로서 가끔 아무도 나를 보지 않은 것처럼 느껴질 때가 있습니다. 사람들이 나와 어울리는 것을 원하지 않는 것처럼 말입니다. 내가 사라지면 모두가 행복해질 것처럼 느껴질 때도 있습니다. 그러다 모처럼 인간 대접을 받으니 기분이 좋았습니다."

소 몇 마리가 제멋대로 달리면서 음매 하고 울었다. 그 옆에서 한 농부가 ATV를 타고 고함을 질렀다. 짐승들이 한쪽에서 다른 한쪽으로 무리 지어 이동하고 있었다. "밖으로 나와 보렴, 그레타." 스반테가 말했다. 숨이 멎을 정도로 아름다운 풍경이었다. 노랗게 물든 들풀과 푸른 하늘이 아스라이 눈앞에 펼쳐져 있었다. 그레타는 차에서 나와 아스팔트 위로 몇 걸음 거닐었다. 우리는 소 떼로부터 충분한 거리를 두고 서 있었다. 소들은 우리에게 무신경한 것처럼 보였다. "이런 곳을 구경하게 될 줄은 정말 몰랐어요." 그레타가 내게 말했다. "비행기를 타지 않겠다고 선택했을 때 앞으로 제가 갈 수 없는 곳들이 많을 거라고 생각했거든요."

이윽고 짐승들이 더는 방해되지 않자 로저는 우리를 태우고 차를 몰았다. 간신히 소 떼에서 벗어날 즈음 우리는 어떤 대형차를 따라잡았다. "도살장 트럭인가요?" 뒷좌석에 있던 그레타가 트럭의 정체를 알고 싶어 했다. 로저는 더 가까이 차를 몰고 갔다. 트럭 뒷문에 붙은 낡은 스티커가 보였다. 거기에는 '쇠고기'라고 적혀 있었다. 문구는 아주 희미했지만 알아보지 못할 정도는 아니었다. '저녁 식재료.'

그 당시 그레타와 스반테에게 길 위의 생활은 일상적인 것이었다. 2주 전 유엔 연설 이후 그들은 천천히 대륙을 횡단하는 여정을 시작했다. 그 시작은 캐나다 퀘벡에서 고래를 구경하기 위해 동쪽으로 우회한 것이었다. 온타리오로 이동한 다음 미국의 시카고와 아이오와 시티로 다시 돌아왔다. 이제 그들은 서부 해안 중간쯤 되는 지점에 있었다. 내일 그레타는 스탠딩록 커뮤니티 학교에서 젊은이와 아이들을 만날 예정이었다.

"그곳이 최전선이었어요." 그레타가 말했다. "여기 주민들은 가장 취약하지만 기후 위기와 생태 위기에 맞서 싸우는 분들이기도 해요. 그들은 아직까지 우리 대다수가 잃어버린 자연과의 연결 고리를 가지고 있어요. 그래서 이런 위기에서 어떻게 벗어날 수 있는지 그 방법을 알고 있죠."

도널드 트럼프가 대통령으로 선출되었을 때 그레타는 열세 살이었다. 부지런히 캠페인을 따라다니던 소녀가 우리가 렌트한 스바루 뒷좌석에서 말을 걸었다. 토핑 없는 빵 두 조각과 통조림에서 갓 꺼낸 흰콩 조림으로 차린 저녁을 막 먹으려던 참이었다. "그날 아침 아빠가 저를 깨웠던 순간을 절대 잊지 못할 거예요." 그레타가 음식을 먹으며 스반테에게 말했다. 스톡홀름에 밤새 눈이 내려 통행이 불가능했던 날이었다. "눈 때문에 내가 학교에 갈 수 없다고 했어요. 그러고는 '그건 그렇고 트럼프가 이겼네.'라고 했죠. 그때 내색하진 않았지만 속으로 이렇게 생각했어요. '와우, 바로 이거야.'라고."

나는 그레타의 말을 끊고 이런 질문을 했다. "그럼 도널드 트럼프가 선거에서 이기길 원했다는 거니?" "트럼프의 승리로 사람들은 정신이 번쩍 들 거라고 생각했어요." 그레타가 대답했다. "만약 힐러리 클린턴이 승리했다면 기후 운동이 지금처럼 강렬해지지 않았을 거예요. 사람들을 서서히 정신 차리게 하는 사회적 티핑포인트도 많이 있으니까요. 하지만 그게 옳은 것 같지는 않아요. 아마도 나중에는 사람들이 트럼프의 선거를 터닝포인트로 기억하게 될 거예요."

우리 차를 포함해 자동차 행렬이 이어졌다. 체이스 아이언 아이즈가 운전하는 빨간 픽업트럭이 우리 앞을 달리고 있었다. 또 다른 열여섯 활동가이자 자신의 딸인 토카타 아이언 아이즈를 바래다주는 길이었다. 토카타도 그레타와 함께 초대를 받은 것이었다.

이곳은 토카타에게도 익숙한 땅이었다. 토카타는 인디언 보호구역에서 자랐고, 열두 살 때 다코타 액세스 파이프라인을 반대하는 시위에 참여한 적이 있었다. 도널드 트럼프는 대통령이 된 지 닷새 만에 파이프라인 건설을 강행했다. 미주리강은 인디언 보호구역의 수원지이자 성스러운 물이었지만, 이제 그곳을 가로지르는 파이프로 원유가 흘러가고 있다. 물론 이것이 기후와 환경에 해로운 영향을 끼친 트럼프 행정부의 첫 번째 조치는 아니었다. 그렇다고 마지막 조치도 아니었다. 컬럼비아대학의 세이빈 기후변화센터 연구원들은 이 과정을 예의 주시했는데 여기에는 여러 가지 상황들이 포함되어 있다. 파리협정 탈퇴처럼 세계 정치에 영향을 미칠 만큼 폭발력 있는 결정부터 낡은 백열전구의 단계적 퇴출에 제동을 거는 것까지. 세이빈센터의 상임이사인 마이클 버거Michael Burger는 이러한 트럼프 행정부의 조치를 '오바마 행정부에서 시행한 기후 관련 모든 조치들을 뒤바꾸려는 체계적이고 광범위한 노력'으로 묘사했다.

흰콩 통조림을 다 먹어 치우자 광활한 초원 위로 해가 졌고, 잠시 후 칠흑 같은 어둠이 깔렸다. 스탠딩록 보호구역 안에서 거의 한 시간쯤 이동했지만 워낙 드넓은 지역인 데다 포트예이츠는 먼 북쪽 강가에 있었다. 그레타는 뒷좌석에서 곯아떨어진 상태였다. 스반테가 로저와 나를 향해 고개를 돌리며 말했다. "일단 가까워지기 시작하면 집으로 돌아가는 여정에 대해서는 말하지 않는 편이 좋을 것 같아요. 어떻게 돌아갈지 그레타에게 묻지 말아 주세요. 보나마나 몹시 집을 그리워하고 있을 겁니다." 북쪽으로 갈수록 휴대폰 신호가 잘

잡히지 않았다. 얼마 후 우리는 마을 외곽 카지노에 도착했고, 호텔에서 하룻밤을 묵기 위해 객실을 예약했다.

스탠딩록 주민들은 미주리강의 원유 파이프라인이 다른 무엇보다 환경에 심각한 위협이 된다고 보았다. 만에 하나 원유가 유출되기라도 하면 주민들의 식수 공급에 타격을 입힐 게 확연했다. 전 세계 온실가스 배출량을 '0'으로 낮춰야 할 시점에 화석연료 산업 투자라는 전혀 엉뚱한 방향으로 흘러간 것이다.

지역 환경 문제와 기후 위기가 연관된 유사 사례들이 지구촌 곳곳에서 벌어지고 있다. 아마존, 콩고-킨샤사, 인도네시아 지역의 열대우림이 완전히 파괴되었고, 뉴델리, 베이징, 요하네스버그 지역은 거대 산업으로 인한 대기 오염이 심각하다. 캐나다나 호주 퀸즐랜드 지역에서는 모래를 압착하거나 바위를 폭파하는 방식으로 원유를 채취해 주변 환경을 오염시켰다. 미국처럼 다른 많은 지역에서도 환경을 파괴하고 지구온난화를 가속화하는 정치적 결정을 내리고 있다. 설상가상 화석연료를 사용하는 활동에 전 세계 납세자의 돈이 공동으로 출자되고 있다. 국제지속가능 개발연구소의 2020년 11월 보고서에 따르면, 주요 20개국(G20) 정부는 매년 화석연료 사용에 5840억 달러의 보조금을 지급하고 있다. 스웨덴의 경우만 해도 매년 화석연료에 대해 정부가 14억 달러가량의 세금 감면 혜택을 주고 있다.

스탠딩록 커뮤니티 학교에 도착했을 때는 아침이었다. 관계자의 안내에 따라 학교 체육관으로 이동했다. 벽에 걸린 깃발을 보고 그곳이 지역 농구팀 워리어스의 홈구장이라는 사실을 알았다. 그것만 제외하면 스톡홀름 교외에 있는 여느 체육관과 다르지 않았다. 종교적인 환영식이 진행되는 동안 그레타와 토카타 아이언 아이즈는 내빈

자격으로 아빠들과 함께 체육관 한가운데 서 있었다. 영적 지도자 아르볼 루킹 호스Arvol Looking Horse가 곳곳에 향수를 뿌리고, 새의 깃털로 그레타의 머리를 쓰다듬는 동안 전통 북에서 울려 퍼지는 둥둥 소리가 체육관 전체로 뻗어 나갔다. 500명 이상이 모인 넓은 공간이었지만 독특한 친밀감이 조성되는 분위기였다.

기념식이 끝나고 열여섯 살 두 소녀는 기후 위기에 대한 이야기를 나누었고, 객석의 어린이들로부터 질문을 받았다. 한 소년이 그레타에게, 소셜 미디어에 올라온 트럼프 대통령의 행동을 보고 어떤 느낌이 들었는지 물었다. 그레타가 유엔에서 연설한 다음 날, 트럼프 대통령은 빈정거리듯이 이렇게 말했다. "그레타는 밝고 멋진 미래를 고대하는 아주 행복한 어린 소녀처럼 보이더군요. 반가웠어요!"

"글쎄요, 그 사람은 트위터에서 저를 조롱했어요." 그레타가 소년에게 대답했다. "그건 분명 많은 젊은이들이 자신에게 맞서는 것을 두려워하기 때문일 거예요."

행사가 막바지에 이를 즈음 객석에 있던 한 남자가 연설을 부탁받았고, 사람들은 따뜻한 박수로 그를 맞이했다. 현지인들에게는 유명 인사였다. 과거 수족의 지도자였던 제이 테이큰 얼라이브Jay Taken Alive가 마이크를 잡았다. "당신이 세상을 잠에서 깨우고 있습니다." 그레타를 바라보며 그가 말했다. 그런 다음 객석을 향해 이렇게 말했다. "우리가 줄 수 있는 가장 아름다운 선물을 손님들에게 선사해야 한다고 생각합니다." 관객들은 열화와 같은 박수로 응답했고, 제이 테이큰 얼라이브는 이렇게 말했다.

Mahpiya Etahan hi wi(하늘에서 내려온 여자).

처음에 그레타는 도로를 가로막고 있는 소 떼를 방해하고 싶지 않았지만
소들은 별로 개의치 않는 듯했다. 그레타는 멀찍이 떨어져서 목장 일꾼이
소 떼를 몰고 가는 모습을 지켜보았다.

2019년 10월 7일 미국 사우스다코타

노스다코타에 있는 스탠딩록 보호구역을 방문한
그레타는 그곳에서 "하늘에서 내려온 여자"라는
뜻이 담긴 이름, 라코타를 얻었다.

2019년 10월 8일 미국 노스다코타

그레타는 스탠딩록에서
자기 또래의 또 다른 활동가인
토카타 아이언 아이즈를 만났다.
토카타는 이렇게 말했다.
"가끔 이런 투쟁을 하다 보면
너무 외로울 때가 있어요. 그래서 관심을
보이는 용감한 사람을 발견하는 것은
깜짝 놀랄 만한 일입니다."

2019년 10월 8일 미국 노스다코타

그레타와 스반테는 네브라스카에서 칸칸이 가득 석탄을 실은
수백 개의 칸으로 연결된 기차를 만났다.

2019년 10월 9일 미국 네브라스카

그레타는 트럭 정류장에서
차를 충전하는 잠깐 동안
다리를 뻗을 수 있었다.

2019년 10월 9일 미국 네브라스카

스탠딩록 지역 학교를 방문한 그레타가
경찰의 호위를 받고 있다.

2019년 10월 8일 미국 노스다코타

덴버 중심부에서 열린 파업 현장에서 연설하는 그레타.
그레타는 전날 노벨 평화상의 유력 후보로 떠올랐지만
결국 에티오피아 총리 아비 아머드 Abiy Ahmed 가 수상했다.

2019년 10월 11일, 미국, 덴버

06

반대하는 세력

2019년 10월 20일

그들은 그레타에게 이곳에 오지 말라는 경고를 보냈다.

그레타가 캐나다 앨버타주로 가는 길이라고 소셜 미디어에 글을 올리자 북미 환경운동가 친구들이 손을 내밀었다. 기후 단체 350.org 의 리더 빌 맥키벤Bill McKibben은 그레타에게 이번 여행이 위험할 수 있다고 했다. 작가이자 활동가인 나오미 클라인의 남편인 다큐멘터리 영화 제작자 아비 루이스Avi Lewis도 문자를 보냈다.

— 앨버타주에 들르지 않는 것이 마음에 걸리더라도 그냥 떠나요. 부끄럽게 생각할 이유가 없습니다.

그레타가 올린 게시물에 많은 이들이 화를 내며 댓글을 달았다.

— 이곳에 오지 마!

— 넌 환영받지 못해!

특히 몇몇 사람들은 선거 일주일 전에 그 지역을 방문하기로 결정한 것을 문제 삼았다. 그레타는 그동안 소셜 미디어와 스톡홀름의 아파트로 날아드는 편지를 통해 눈에 거슬리는 악플과 협박에 익숙한 상태였지만, 유럽을 거쳐 북미로 이동하는 지난 12개월 동안 항상 존중받아 왔기에 이곳에서는 확실히 다른 상황에 맞닥뜨렸다는 사실을 깨달았다.

만약 앨버타가 하나의 국가였다면 전 세계 원유 생산국 순위에서 5위를 차지했을 것이다. 이곳의 석유 산업은 앨버타주뿐만 아니라 국가 경제에서도 매우 중요한 역할을 했다. 그리고 이런 원유 생산의 중심에는 모래가 있다. 지하로 뚫린 구멍에 펌프로 뜨거운 증기를 주입하면 모래에서 분리된 기름이 지표면으로 올라오는데 고도의 에너지 집약적인 과정이며, 이 과정에서 화학물질도 흘러나온다. 캐나다산 원유는 추출만으로도 전 세계에서 네 번째로 높은 이산화탄소 집약도를 보여 주고 있다. 1960년대부터 매일 280만 배럴의 원유가 생산되고 있다.

그레타는 오래전부터 이곳에 오고 싶어 했다. 아빠와 북미 방문을 이야기하기 시작한 이후로 이곳 오일샌드는 꼭 방문하고 싶은 목적지 중 하나였다. 경고가 있었지만 그레타는 앨버타주 수도 에드먼턴의 페트롤리엄 플라자에서 금요일 파업을 진행했다. 주최 측에 따르면 파업에 동참한 인원은 1000명 이상이었다. 로저와 나는 스웨덴으로 떠났지만, 그레타를 주인공으로 한 과학 다큐멘터리를 찍고 있던 BBC 영화팀이 머물렀다. 그레타와 스반테는 보안요원을 대동한 BBC 영화팀과 함께 포트 맥머레이로 향했다. 마을 입구 표지판에 이런 글귀가 쓰여 있었다. '활기차고 지속 가능한 자랑스러운 우리 고향입니다.'

그들은 맥코빅드라이브의 주민센터 앞에서 차를 멈췄다. 날이 어둑해져 있었다. 차에서 내리는 순간 코를 찌르는 냄새가 났다.

"마을이 온통 기름 냄새 천지였어요." 스반테가 내게 말했다. "어린 시절 스웨덴의 주유소를 떠올리게 하는 자극적인 냄새였죠."

아타바스카 치페와이언 부족의 지도자인 앨런 아담Allan Adam의 초대를 받은 그레타가 회의실로 들어섰다. 앨런은 그레타에게 직사각형 테이블 맞은편에 앉으라고 권했고, 그레타의 눈을 응시하며 거의 40분 동안 독백하듯 이야기를 꺼냈다.

앨런이 젊었을 때 주변 사람들이 사망하기 시작했다. 암으로 차례차례 죽어 나갔지만 부족민들은 석유산업에 저항하지 않았다. 오히려 송유관 지분을 구입하고 싶어 했다. 석유산업에 종사한 주민들은 거기에 의존할 수밖에 없었다. 그런데 석유산업의 협력자가 되면서 예전 자신들의 땅이었던 곳에서 어떤 상황이 벌어지고 있는지 조금이나마 알게 되었다. 그레타는 귀 기울여 열심히 들었지만 시선은 이따금 아래로 향했고, 멍하니 바닥을 바라보았다.

잠시 후 스반테가 지도자인 앨런 아담을 한쪽 옆으로 데려갔다.

"그레타에게 자폐 성향이 있다고 설명했습니다." 스반테가 내게 말했다. "그레타는 사람들의 눈을 빤히 쳐다보는 것을 힘들어 합니다."

회의를 마친 후 그레타와 스반테가 머문 호텔은 메마른 주변 환경에 비하면 쾌적한 오아시스 같은 곳이었다. 호텔 조식 뷔페에 지금껏 맛본 것 중 최고의 과일이 나왔다. 식당에서 그레타와 스반테는 밝은 노란색 작업복 차림의 남녀들 사이에 자리를 잡았는데, 대부분 가족 단위로 여행하는 이들과 함께 식사하고 있었다. 석유산업에 종사하면 제법 수입이 쏠쏠했다. 평균적으로 앨버타주 석유 직종 노동자의 연간 소득은 6만 달러 이상이었다.

"폐소공포증을 느낄 정도였습니다." 스반테가 내게 말했다. "어떻게 인류가 자연을 약탈할 권리를 주장해 왔는지, 또 어떻게 모든 사람이 그 전리품에 의존하게 되었는지를 바로 눈앞에서 목격하는 상황이었으니까요."

그레타와 스반테는 BBC의 밴을 얻어 탔다. 그곳은 집도 거리도 온통 잿빛이었다. 정유 공장에서 꾸역꾸역 연기가 뿜어져 나왔다. 곳곳에 잘린 나무들이 널려 있고, 땅은 갈라져 있었다. 앨버타주는 그리스 영토 전체보다 더 넓은 지역의 오일샌드에서 석유를 채굴하고 있었다. 간혹 황량한 풍경에 새로 심은 듯한 덤불이나 관목 숲이 드문드문 눈에 띄었다. 그 지역의 대형 석유 회사가 기부했다고 주장하는 표시판에는 이렇게 적혀 있었다. '썬코어에 의해 다시 자연으로 돌아갑니다.' 앨버타에서는 산업과 자연과 인간이 서로 밀접하게 뒤얽혀 있었다.

에드먼턴으로 돌아온 그레타와 스반테는 TV 제작자들과 BBC 보안 팀에게 잠시 작별을 고했다. 다음날 재스퍼 국립공원-캐나다 로키산맥-에서 촬영이 예정되어 있는데 전기차를 타고 가려면 멀리 돌아가야 했다. 에드슨까지 가면 주차장에 충전 시설을 갖춘 모텔이 있었다. 훗날 스반테가 들려준 바에 따르면 그곳 고속도로에서 문제가 발생했었다. 흰색 소형차가 지나쳐 갔다. 스반테는 운전대를 잡고 있는 젊은 여자를 보았다. 여자는 그들 앞에서 방향을 휙 바꾸더니 갑자기 브레이크를 꽉 밟았다. 스반테도 급히 브레이크를 밟았다. 그러자 여자가 탄 차는 다시 차선을 바꾸더니 속도를 낮추고 그들 뒤를 계속 따라왔다.

"그레타." 스반테가 입을 열었다. "저길 보렴, 저 차에서 누군가 촬영을 하고 있어."

여자는 다시 방향을 틀어 그들을 천천히 지나치려 했다. 스반테는 곁눈질로 여자의 차를 훑어보았다. 차창에 바짝 붙어 세워져 있는 휴대폰이 보였다. 스반테와 그레타는 재킷을 들어 올려 몸을 숨겼고, 황급히 도로에서 방향을 틀어 출구를 빠져나갔다. 여자는 더 이상 따라올 수 없었다. 뒷길을 따라 이동한 차는 에드슨의 낡은 모텔 앞 충전소에 도착했다. 두 사람은 모텔에서 하룻밤을 묵을 요량으로 소지품을 챙겨 모텔 입구로 갔다. 흰색 차량이 옆으로 다가왔고 빠르게 지나쳤다. 아까 본 여자가 차창을 열고 버럭 고함을 질렀다. "여긴 석유의 나라야!"

두 사람은 모텔 안으로 들어갔다. 프런트에서 받은 열쇠를 들고 꼭대기 층까지 짐을 날랐다. 스반테는 그레타에게 방 안에서 짐을 풀라고 하고, 미처 챙기지 못한 짐을 가져오기 위해 주차장으로 내려갔다. 방금 전까지 타고 온 테슬라가 진흙투성이 픽업트럭 석 대에 둘러싸여 있었다. 주차장에서 조금 떨어진 곳에는 10여 명의 사람들이 모여서 서성거리고 있었다. 그들은 눈을 부릅뜨고 스반테를 노려보았다. 그중 한 명이 침을 탁 뱉었다. "썩 꺼져!"

상황이 예사롭지 않았다. 린치를 가하며 돌아다니는 폭도처럼 보였다. 그러나 스반테는 별다른 반응을 보이지 않고, 차 트렁크를 열어 짐을 챙기기 시작했다. 무리에 있던 누군가 고함을 질렀다. "영어도 할 줄 모르나 보군. '썩 꺼져'가 무슨 말인지 도통 알아듣지 못하는 것 같은데."

그레타는 모텔 방 창문을 통해 이 광경을 예의 주시하고 있었다. 차량 사진을 찍으면서 아빠에게서 한시도 눈을 떼지 않았다. 나중에 그레타가 내게 말하기를 그 상황이 하도 어처구니가 없어서 웃음을 참기 힘들었다고 했다. 그레타를 보지 못한 남녀 중 한 명이 스반테에게 말했다. "네 딸은 정신 나간 년이야. 저능아라고."

스반테는 모텔 문에 시선을 고정한 채 사람들 쪽은 아예 쳐다보지도 않았다. 사람들은 스반테가 모텔 안으로 들어갈 때까지 계속 고함을 질렀다.

2015년에 열린 파리협정의 기본 원칙 중 하나는, 각 나라에서 새로운 일자리를 만들어 내야 하는 것이었다. 화석연료를 벗어나는 과도기에 소멸되는 일자리 대신이었다. 정치 지도자들은 종종 그 과도기를 일컬어 '녹색 성장'과 '녹색 일자리'를 이끌어 낼 수 있는 좋은 기회라고 강조하곤 한다.

"물론 지속 가능하게 변화한 세상이 혜택을 가져다줄 거예요." 그레타가 말했다. "하지만 기후 위기는 어디까지나 위기이지 일자리를 만들어 내는 수단일 수는 없어요."

급기야 에드슨으로 경찰이 찾아왔고, 두 사람은 모텔에서 하룻밤을 묵을 수 없었다. 주차장에 여전히 그 무리가 어슬렁거리고 있었다. 경찰의 도움으로 차에 올라타는 사이 무리 중 몇몇이 휴대폰을 꺼내들고 그레타를 촬영했다. 경찰관 한 명이 그레타를 향해 물었다. 도대체 하고많은 장소 중에, 그것도 선거 바로 전날 하필이면 에드슨에 들르라고 말한 사람이 누구냐고. 그 사람 말에 따르면 이곳 주민들은 화석연료 산업의 하청업체에서 일했다. 석유산업 네트워크 확장에 필요한 것이라면 그게 무엇이든 제공할 용의가 있는 사람들이었다. 그런데 현 캐나다 총리인 쥐스탱 트뤼도Justin Trudeau가 경제에 매우 중요한 화석연료 산업에 대한 지원과 약속한 기후 변화 목표를 균형 있게 조정함에 따라 모든 확장 계획이 보류된 상태였다. 에드슨의 노동자들은 이런 대대적인 과도기의 최전선에 있었다.

차로 거의 두 시간 거리였던 재스퍼에 도착할 때까지 충전은 충분했다. 스반테가 호텔 앞에 차를 세운 때가 밤 11시 30분 무렵이었다. 동행한 경찰이 차에서 내렸다. 그는 딸의 인사를 전하고 싶어 했다. 딸이 그레타의 열렬한 팬이었다. "딸한테 보내 줄 사진을 같이 찍어도 될까요?"

그레타는 고개를 끄덕이며 휴대폰 렌즈를 향해 미소를 지었다. 경찰도 미소를 머금었다. "이곳에서 우린 힘든 삶을 살아가고 있죠." 그가 말했다. "하지만 석유와 관련된 일을 계속하게 될 겁니다. 물론 방식은 다르겠지만."

기나긴 하루였다. 그레타 또한 그 말에 이의를 제기할 마음이 없었다.

"맞아요." 그레타는 담담하게 말했다. "정말 그럴 거예요."

07

계획 변경

2019년 10월 30일 오전 7시 4분

　모든 계획이 변경될 것이라는 메시지를 받았을 때 스반테는 산타모니카 호텔의 조찬실에 있었다. 기분이 언짢았다. 메뉴는 죄다 비싸고 기름진 음식들뿐이었다. 오믈렛과 스크램블드에그, 레몬 리코타 팬케이크, 블랙퍼스트 브리또. 채식주의자를 위한 음식은 하나도 없었다. 스반테와 그레타는 아무것도 먹지 못했고 다른 식당을 찾아야 했다. 두 사람은 아널드 슈워제네거와 함께 지내기로 되어 있었다. 남성미 넘치는 보디빌더에서 배우로 전업한 아널드는 주지사가 되었다. 지금은 기후 문제에 열성적이었다. 파업을 시작했을 때 아널드 슈워제네거는 일찌감치 그레타의 존재를 알고 있었다. 몇 주 전 트위터로 그레타에게 메시지를 전했다.

　— 불평을 늘어놓는 대신 밖으로 나가 뭔가 하는 사람을 보면 기분이 좋아집니다. 당신은 내게 영감을 줍니다.

　아널드는 그레타에게 미국에 오면 자신의 전기차를 빌리고 싶은지를 물었다. 이제 그 차를 반납할 때였다. 전임 주지사는 며칠간이라도 집주인으로서 그레타를 손님으로 맞이하고 싶다는 뜻을 전했다. 그런데 슈워제네거의 집이 있는 캘리포니아에서 산불이 크게 났다.

여름에는 덥고 건조한 지역이었던 만큼 주민들에게 이런 산불은 그리 낯설지 않았지만 기후가 변한 이후로 가을이 점점 더 여름처럼 변해 가고 있었다. 산불이 발생하는 기간이 더욱 길어졌고, 그 규모 또한 커졌다. 1933년 이후 캘리포니아에서 발생한 가장 큰 산불 10건 중 9건은 2000년 이후에 발생한 것이었다. 당시 아널드는 캘리포니아주의 20만 주민들과 함께 대피해야 했다. 그레타와 스반테가 집을 이용하는 것이 불가능해지자 아널드는 자신이 자주 이용하는 페어몬트 미라마 호텔을 예약해 두었다.

호텔에 들어선 부녀는 거대한 무화과나무의 영접을 받았다. 호텔 출입구 앞에 울퉁불퉁하고 뒤틀린 뿌리를 땅 위로 돌출한 나무가 자라고 있었다. 동화 속 마법 세계에 막 튀어나온 듯했다. 안뜰 수영장을 빙 둘러싼 야외 헬스장 옆에 스파가 있는데 그곳 야자수 잎들이 바람에 살랑이고 있었다. 화려하지만 요란하지 않았고, 고급스러우면서도 풍취가 있었다. 일상의 스트레스와 소음으로부터 벗어나 휴식을 필요로 하는 부유한 주말 여행객들에게 안성맞춤인 그런 호텔이었다.

장거리 비행을 자주 했던 툰베리 가족은 걱정 없이 돈을 쓰는 이런 방식의 삶에 익숙했지만 그레타가 아픈 이후로는 기후 위기에 적합한 생활방식을 선택했다. 식사하고 쇼핑하고, 여행하던 모든 방식이 변했고 지금은 언제 다시 만날지도 모른 채 대서양을 사이에 두고 서로 떨어져 있었다.

"우리는 기후에 관심이 있어서가 아니라 그레타를 위해 변화를 선택했죠." 스반테가 말했다. "하지만 시간이 흐르면서 더 많은 사실을 알게 되었어요. 기후 위기에 대한 우리의 실패를 인정해야만 장기적인 변화가 가능하다는 것도 이해하게 되었습니다. 나 또한 실패했고, 나의 생활방식이 환경에 많은 해를 끼치고 있었다는 걸요."

기후 위기의 절박함을 전하는 그레타의 메시지가 들리기 시작한 이후 그레타의 학교 파업에 동참한 청년들은 그 문제에 과도하게 집중한다는 비판을 받았다. "당신의 해결책은 무엇입니까" 비판자들은 의구심을 가지고 있었다. 예전 한 인터뷰에서 그 질문에 대해 그레타는 이렇게 답했다. "이것은 어떤 해결책을 찾느냐에 달려 있어요. 만약 기후 위기에 대한 해결책을 원한다면 그 위기가 본인에게 닥친다는 것과 그것을 진짜 위기로 받아들여야 하는 것을 깨달아야 해요. 그래야 진정한 해결책이 나올 수 있으니까요. 하지만 사람들이 해결하고 싶어 하는 기후 위기는 그렇지 않아요. 지금과 똑같은 삶을 살아갈 수 있게 해주는 해결책을 원하죠. 그런 해결책은 존재하지 않아요. 왜냐하면 오랜 세월 기다리기만 했을 뿐 정작 행동에 나선 적은 없었으니까요."

스반테의 휴대폰 벨이 울렸을 때 그레타는 호텔 방에서 곤히 잠들어 있었다.

그들이 남미로 향하기 전 마지막으로 들른 곳은 로스앤젤레스 인근이었다. 미국과 캐나다의 여러 주들을 거쳐 그레타와 스반테는 칠레 산티아고에서 열리는 COP25에 방문할 예정이었다. 그레타가 1년 전쯤 대서양 횡단 아이디어를 떠올린 것도 이 총회 때문이었다. 하지만 그곳에 도착하기까지 넘어야 할 장애물이 너무 많았다. 우선 거리가 멀었다. 비행기를 이용하더라도 로스앤젤레스에서 산티아고까지 이동하려면 12시간은 족히 걸렸다. 그런데 그레타와 스반테는 오직

육로로만 이동할 수 있었고, 일부 도로는 위험천만했다. 첫 여정인 엘파소부터 멕시코시티까지 운행하는 버스를 예약했지만 그다음 여정부터는 뒤죽박죽이었다. 콜롬비아와 코스타리카에서도 그레타에게 초청장을 보냈는데, 콜롬비아는 경찰과 군인 호위를 제공하기로 했었다. 하지만 그 여정을 따라 가려면 다른 나라의 국경을 자주 넘나들어야 했다. 게다가 그 지역 스웨덴 대사관에서 중앙아메리카 몇몇 지역을 여행하지 말 것을 '강력히 권고'했고, 불의의 사태가 발생할 경우에는 보험도 적용되지 않았다.

계획은 거의 매일 바뀌다시피 했다. 당장은 버스를 타고 벨리즈에 도착하는 것이 목표였다. 요트를 타고 과테말라, 온두라스, 니카라과를 지나 다시 버스를 타고 코스타리가, 파나마, 콜롬비아, 에콰도르, 페루를 여행하려고 했다. 하지만 요트는커녕 여행의 첫 번째 구간을 통과하는 버스표만 달랑 있었다. 게다가 시간적인 여유는 한 달도 채 남지 않은 시점이었다.

스반테는 휴대폰에서 읽지 않는 메시지를 열었다. 산티아고 주재 스웨덴 대사인 오스카 스텐스트룀Oscar Stenström이 보낸 메시지였다.

— 여러분의 계획을 변경해야 할 것 같습니다. 12월, 칠레에서는 COP25가 개최되지 않을 겁니다.

나흘 전, 그레타는 칠레에서 일어나고 있는 시위에 관한 포스트를 인스타그램에 올렸다. 거의 일주일 동안 문구를 다듬었다. 아주 미묘한 상황이어서 자칫 잘못하면 선동으로 해석될 수 있는 타이틀이 800만에 달하는 팔로워들에게 전달될 수 있었다.

— 취소되었나요?

스반테가 대사에게 문자를 보낸 즉시 답이 왔다.

— 네, COP25는 칠레에서 개최되지 않을 겁니다. 방금 대통령이 발표했고, 저도 외무부장관을 만났습니다. 100퍼센트 확실합니다. 유엔에서 새로운 장소를 발표할 겁니다. 이런 일이 생겨서 정말 유감입니다.

산티아고의 거리 시위는 대중교통비 인상이 그 시발점이었다. 그 자체로는 별일 아니었지만 오랜 세월 자주 그래 왔듯 이런 변화는 가난한 이들의 생계유지를 더욱 힘들게 했다. 시위는 유엔기후변화협회 당사국총회를 더 이상 주최할 수 없을 정도로 광범위하게 확산되었다.

몇 분 후 대사가 또 다른 메시지를 보냈다.

— 아마도 독일어로 문구를 다듬어야 할 시점 같습니다. 추측컨대, 바통을 이어받을 다음 장소는 독일의 본이 아닐까 싶지만 아직 확실한 건 아닙니다. 일단 기다려 보는 수밖에 달리 도리가 없네요.

스반테는 아침 식사를 준비하자마자 그레타를 깨웠다. 어떤 선택을 할지 고민하며 새로운 계획을 세워야 했다. 그 계획이 가능하리라는 보장은 어디에도 없었다.

우리가 유럽에 갈 수 있다면 어떻게 될까? 집으로 다시 돌아갈 수 있다면 어떻게 될까?

그사이 스반테는 답장을 썼다.

— 우리는 늦겨울까지 유럽에 갈 수 없습니다. 날씨 때문에…… 아무래도 본에 가긴 힘들겠습니다.

우리는 어디로 가고 있는가

　오늘날 지구는 산업화 이전보다 1도 이상 따뜻해졌으며 그 여파가 뚜렷해지고 있다. 예전에는 보기 힘들었던 현상들이 점점 더 흔해지고 있다. 폭염, 가뭄, 홍수, 폭풍 등이 그렇다. 산불이 점점 더 넓은 지역을 파괴하고 있으며, 농산물 수확은 갈수록 감소하고 있다. 이런 극단적인 날씨는 인간에게 해롭고 치명적이다. 뜨거운 열기가 사람들을 굶주리게 하고, 그들의 보금자리를 떠나게 하고 있다. 아울러 이러한 기후 변화는 기존 갈등을 더욱 악화시킬 위험이 있다.

　지구가 온난화될수록 기후는 더욱 예측하기 힘들어진다. 지구온난화와 함께 지구의 시스템도 위험에 처할 가능성 또한 커지고 있다. 2008년에 나온 한 보고서에서 어떤 과학자 집단은 '잠자는 거인들'로 묘사되는 15개의 시스템에 대해 설명했다. 여기서 거인들은 바다, 육지, 만년설, 대기 등에 대한 생물물리학적 시스템을 말하는데, 이 시스템에 무언가 살짝 자극만 가해도 엄청난 변화를 가져올 수 있다고 한다.

　그로부터 약 10년 후에 발표된 후속 보고서가 2019년 〈네이처〉지에 실렸다. 보고서에서 과학자들은 지구 환경을 조절하는 데 도움을 주는 15개의 시스템 가운데 9개가 변화하고 있음을 증거로 내밀었다. 거인들이 깨어나고 있다.

　인류가 초래한 지구온난화로 인해 지구촌 곳곳에서 지속 가능성에 위기가 닥치고 있는 상황이다. 화석연료 사용과 함께 대규모의 삼림 벌채,

공장제 농업, 어업 자원의 고갈, 야생동물의 주요 서식지를 파괴하는 도시는 물론이고 농장과 기반시설들이 팽창하고 있다. 약 100년 전만 하더라도 인류는 지구 면적의 15퍼센트만 사용했다. 그런데 지금은 남극대륙을 제외하고 지구 면적의 77퍼센트 이상이 인간의 활동으로부터 자유롭지 못하다.

세계자연기금(WWF)의 〈살아 있는 행성 보고서〉에 따르면, 1970년 이후로 지구상에 사는 야생 척추동물 개체 수가 68퍼센트나 감소했다. 뿐만 아니라 2020년 9월, 유엔이 '20가지 생물다양성 목표'를 검토한 결과 목표 달성에 모두 실패한 것으로 나타났다. 당시 생물다양성과학기구(IPBES)의 앤 라리가우데리Anne Larigauderie는 이렇게 말했다. "현재 우리는 인간 이외의 다른 모든 생명체를 멸종시키고 있습니다."

이제 막 눈을 뜨기 시작한 거인들 중 하나는 수백만 종의 생명체가 서식하고 있는 아마존 열대우림이다. 다른 거인들과 마찬가지로 아마존은 티핑포인트, 즉 한계점에 가까워지고 있다. 이것은 어떤 특정 단계에서 다다르면 돌이킬 수 없는 다른 상태로 전락할 수 있음을 의미한다. 열대우림은 습기가 풍부한 생태계이다. 산림 대부분은 강수량을 스스로 만들어 낸다. 지면에 닿은 비는 수증기로 증발하고 그중 일부는 뿌리에 흡수되었다가 잎을 통해 방출된다. 그리고 다시 비가 내린다. 그런데 지구가 뜨거워지면 바람의 방향에 영향을 끼치고 아마존의 강수량이 감소하게 된다. 게다가 나무까지 잘라내면 생태계의 수분이 줄어들 수밖에 없다. 건조해지는 것이다. 거인이 완전히 깨어나면 아마존은 열대우림에서 사바나로 변하게 될지도 모른다. 과학자들은 이미 그 한계선에 근접해 있다고 경고하지만 그 한계선이 정확히 어디쯤인지는 아무도 모른다.

사바나는 나무가 적은 대신 풀이 많고 건조한 대초원 지역이다. 열대우림보다 쉽게 불타고 대기 중 이산화탄소를 흡수하는 능력도 현저히 떨어진다. 만약 열대우림이 사바나로 변한다면, 다른 무엇보다도 열대우림의 수많은 종들이 사라질 것이다.

결론 : 기후 변화와 환경을 파괴하는 인간 활동은 대기 중 온실가스 양을 증가시키고 생물다양성을 감소시킨다. 이는 생태계를 위험에 빠뜨리는 것은 물론 지속적으로 지구를 한층 더 뜨겁게 만들 것이다.

인류가 깨우기 시작한 또 다른 거인은 영구동토층이다. 일 년 내내 얼어 있는 영구동토층에는 다량의 온실가스가 저장되어 있다. 스웨덴 북부 포함 북반구 면적의 4분의 1을 차지하고 있는 지역이다. 지구가 따뜻해지면 서리가 녹으면서 온실가스가 방출되는데 이때 이산화탄소와 함께 메탄가스가 방출된다. 또 다른 종류의 온실가스인 메탄은 이산화탄소보다 몇 배 더 효율적으로 열을 흡수한다.

영구동토층 지역에는 현재 지구 대기에 있는 것보다 두 배나 많은 이산화탄소가 저장되어 있다. 이미 몇몇 지역의 영구동토층은 과학자들의 예측보다 훨씬 빠른 속도로 녹아내리고 있다. 잠에서 완전히 깨어난 거인 덕분에 대기 중 온실가스가 대규모로 증가할 것이고, 이는 지구온난화의 확산을 의미한다. 이로 인해 다른 거인들마저 잠에서 깨어날 위험이 있다.

각각의 시스템이 정확히 몇 도에서 티핑포인트에 도달할지는 과학자들도 모르지만 연구에 따르면, 북극의 부빙군, 남극 서부의 빙하, 그린란드의 빙상 등 일부 지역에서 이미 이런 현상이 나타나고 있다. 게다가 기후학자들은 이런 상황을 지나치게 보수적으로 평가하는 것으로 알려져 있다.

결국 이러한 기후 변화로 인해 현대 문명은 엄청난 곤경에 빠질 수 있다. 지구상의 많은 지역이 일 년 중 상당 기간 인간이 거주할 수 없게 될지도 모른다. 또한 더 많은 사람들이 식량과 물 부족에 시달릴 수 있다.

2019년 한 해만 하더라도 대략 2400만 명이 기후와 관련된 기상재해로 자신의 집을 떠나야 했다. 2020년 5월, 미 국립과학원회보 〈PNAS〉에 발표된 보고서에 따르면 향후 50년 안에 10~30억 명의 사람들이 거주에 부적합한 지역에서 생활할 것으로 예상되고 있다. 기후 변화로 인해 얼마나 많은 사람들이 피난을 가야 할지에 대해서는 다양한 예측이 있다. 2000년대 초반에 옥스퍼드대학의 생태학자인 노먼 메이어스Norman Meyers가 2050년까지 2억 명의 기후 난민이 발생한다고 주장했지만 2020년 가을, 경제평화연구소에서 나온 보고서에는 다른 판단이 실려 있다. 이 보고서에 따르면 2050년까지 생태적 위협으로 12억 명의 사람이 피난을 갈 수도 있다.

지구의 거인들이 깨어나고 있다 – 아홉 개의 움직이는 시스템

이것은 돌이킬 수 없는 한계점—이른바 티핑포인트—에 근접한 지구의 생물 물리학적 시스템을 말한다. 이러한 티핑포인트에서는 인간이 만든 지구온난화가 자연에 의해 가속화될 수 있고 무엇보다도 이러한 변화가 지구 해수면과 생태계, 생물다양성에 영향을 주어 이로 인한 위기 상황이 발생할 수도 있다. 그리고 어쩌면 이미 그 한계점을 넘어섰는지도 모른다.

- 해빙
- 변화된 생태계
- 변화된 물 순환

알베도 효과 – 얼음이 녹으면

얼음처럼 표면이 밝은 경우 태양이 방출하는 많은 양의 방사선을 반사시켜 우주로 돌려보낸다. 반면 어두운 표면은 열을 흡수하고 얼음이 녹으면 어두운 표면의 바다나 육지로 바뀌어 지구는 한층 더 따뜻해지는 것이다.

북아메리카

남아메리카

---

1 북극 해빙이 녹고 있다.

2 그린란드 빙상이 사라지고 있다.

3 서남극 빙상이 거의 붕괴 직전이다.

4 동남극 빙상이 녹고 있다.

5 영구동토층이 녹으면서 지구온난화를 가중시키는 온실가스를 배출하고 있다.

6 한대 산림이 변화하고 있다. 그 산림이 이산화탄소를 흡수하는 것보다 더 많은 양의 이산화탄소를 배출할 수 있다.

7 대서양 해류가 변화하고 있다. 여기에는 해양의 열과 염분의 이동에 영향을 미치는 멕시코 만류의 흐름 약화도 포함되어 있다.

북극

아시아

오스트레일리아

남극

...산호초가 사라지고 있다.
...고든 해양 생물 약 4분의 1이
...산호초에서 발견된다. 만약
...산호초가 사라지면 생물다양성에
...영향을 미치면서 생태계가 붕괴될 것이다.

...아마존 열대우림이 언젠가 초원으로
...탈바꿈할지도 모른다. 그렇게 되면 그 지역의
...이산화탄소 흡수력은 급격히 떨어질 것이다.

모든 것은 서로 연결되어 있다

이러한 변화는 서로서로 영향을 미친다. 예를 들면
이런 식이다. 북극해 얼음이 녹으면 온도가 상승하고
이러한 온난화는 영구동토층을 녹일 수 있다.
북극 빙상의 감소는 바람의 방향에 영향을 미치고,
그 바람은 다시 강우에 영향을 미친다. 나아가 북극의
얼음이 녹으면 스웨덴 등지의 한대 산림에서 가뭄과
화재가 증가하고, 산림이 불타면서 새로운 온실가스가
대기 중에 방출된다. 지구는 한층 더 따뜻해진다.

08

다시 바다로

2019년 11월 17일

스반테는 아직 갑판으로 나갈 옷차림이 아니었다. 하지만 배 안에서 설거지를 하고 있는 지금이 딱 좋은 기회였다. 다른 사람들은 선실에 있었다. 슬그머니 빠져나가는 스반테를 아무도 눈치채지 못했다. 스반테는 선장에게 할 말이 있었다. 니키 선장은 쏟아지는 폭우 속에서 라 바가본드호를 조종하는 중이었고, 스반테는 배가 내일 버뮤다를 지나기 전에 그와 대화를 나누어야 했다. 하선할 기회가 아직 남아 있었다.

경험 없는 선원인 그레타와 스반테는 또다시 바다 한가운데에 있었고, 4개월도 채 지나지 않았지만 두 번째로 대서양을 횡단하게 되었다. 이번에는 그 모든 과정이 지나치게 빨랐다. 로스앤젤레스에서 금요일 파업 이후 곧장 동쪽으로 이동하기 시작했다. 아널드 슈워제네거의 테슬라를 좀 더 오랜 기간 빌린 덕분이었다. 애리조나, 뉴멕시코, 텍사스, 루이지애나, 미시시피, 앨라배마, 플로리다 그리고 마지막으로 조지아까지 불과 며칠 만에 미국 대륙을 가로지를 수 있었다. 물론 그동안에도 어떤 경로로 가야 할지 선택해야 했다. 온갖 악조건에도 불구하고 만약 적당한 요트가 나타난다면 과연 그 배는 어디에 있을까? 갈림길의 연속이었다. 댈러스로 가야 할까, 아니면 휴스턴으로 가야 할까? 플로리다가 좋은 선택지 같은데 아닌가? 잭슨빌의 북쪽으로 가야 할까 아니면 남쪽으로 가야 할까?

여행 도중 이제는 공식적으로 유엔기후변화협약 당사국총회 개최지로 선정된 마드리드로 향하는 선택도 검토했다. 몇몇 화물선주가 태워 주고 싶다며 연락해 왔다. 스칸디나비아 항공사의 통신 국장은 연료 탱크 절반을 바이오연료로 채운 특별기를 제공하겠다는 내용의 이메일을 보내오고, 노르웨이안 항공에서도 연락이 왔지만 그레타는 호의를 번번이 거절했다.

"그레타에게 딱 맞는 조건은 하나도 없더군요." 스반테가 말했다. "온갖 상황을 다 고려해야 했어요. 대서양 횡단은 사실상 목숨을 거는 것과 다름없는 위험천만한 항해였으니까요."

이윽고 동부 해안에 도착한 그들은 뉴욕과 마이애미 중간쯤에 위치한 사바나에서 멈췄다. 18~19세기 풍의 아름다운 집들과 남부의 상징인 오크나무가 있는 사바나는 기다리기에 좋은 조용한 도시였다. 그들은 산책을 하며 이야기를 나누었다. 그레타는 영화 〈포레스트 검프〉에서 톰 행크스가 "인생은 초콜릿 상자와 같다"라는 대사를 읊을 때 앉았던 벤치에 앉아 포즈를 취했다.

그들은 오도 가도 못 하고 북미에서 발이 묶인 상황이었다. 11월에 대서양을 횡단하는 것은 권장 사항이 아니었다. 서기압 때문에 날씨를 예측하기 힘들었고, 강한 폭풍이 발생할 수도 있었다. 그들은 기다리면서 겨울을 보낼 만한 도시들에 대해 이야기했다. 마이애미, 몬트리올과 뉴욕이 후보지에 올랐지만 일 순위는 워싱턴DC였다.

"지금까지 우리가 방문한 장소 가운데 가장 편하다고 느꼈던 곳입니다." 스반테가 설명했다.

그레타는 소셜 미디어에도 도움을 요청했다.

— 지구 반 바퀴를 여행했지만 결국 엉뚱한 방향이었어요. 지금 제게 필요한 것은 11월 중에 대서양을 횡단하는 방법을 찾아내는 거예요…… 적절한 교통수단을 찾을 수 있게 누구든 도와주신다면 정말 감사하겠습니다.

그레타는 답장을 받았다.

— 그레타, 저는 세일링 라 바가본드 호의 라일리라고 합니다. 제게 연락하면 뭔가 도울 준비를 할 수 있을 거예요.

트위터로 이런 메시지를 보낸 라일리 화이트럼Riley Whitelum은 15미터 길이의 쌍동선 선장이었다. 라일리와 여자 친구 엘라이나 카라우수는 주로 유튜브에 영상 – 전 세계 바다를 항해하고, 배 위에서 생활하는 모습을 찍은 다큐멘터리 – 을 올려 생계를 유지하고 있었다. 한 살배기 아들 레니도 함께였다.

그레타와 스반테는 유튜브 채널을 찾아 그들이 올린 영상 몇 편을 시청했고, 기상학자 마틴 헤드버그에게 전화를 걸었다. 마틴은 날씨 상태를 확인해 보겠다고 약속했다. 그리고 또 다른 조언을 구하기 위해 친한 친구들과도 이야기를 나누었다.

"하지만 그들의 의견은 제각각이었어요." 스반테가 내게 말했다. "결국 우리 스스로 결정을 내려야 했죠. 날씨에 대한 긍정적인 소식을 들은 다음에야 항해를 시작할 수 있겠다고 생각했어요. 그때가 기회였죠."

스반테는 갑판으로 나가는 문을 열었다. 대서양 횡단 결정을 내린 지 단 2주 만에 요트에 오른 것이었다. 스물여섯 살의 니키 헨더슨 Nikki Henderson 은 부족한 선원 수를 채우기 위해 영국에서 비행기를 타고 왔다. 젊은 나이임에도 불구하고 경험이 풍부했다. 1년 전에는 세계 일주 항해에 성공한 최연소 선장이기도 했다. 사실 타이밍은 그리 좋지 않았다. 막 힘든 일을 끝내고 새 집으로 이사한 시점이었기 때문이다. 하지만 니키는 그레타를 만날 수 있는 기회를 놓치고 싶지 않았다.

"제 부모님은 두 분 다 의료 서비스에 종사하고 있어요." 내가 손을 내밀자 니키가 말했다. "그래서 저는 사회를 위해 좋은 일을 하는 분들을 정말 존경합니다. 그래서 도저히 거절할 수가 없었죠."

스반테는 니키에게 다가갔다. 그레타가 학교 파업을 시작한 첫 주부터 스반테와 말레나에게는 학부모들로부터 의심의 눈초리가 쏟아졌다. 사회복지과에는 우려 섞인 제보가 날아들었고, 흥분한 개인이 소셜 미디어를 이용해 그들을 비난했다. 음모론이 잇따라 등장했다.

— 그레타의 엄마가 딸의 앞날을 망치고 있어.

— 딸을 인정사정없이 착취하는 부모가 그레타를 저 모양으로 만든 거야.

— 이게 바로 기후 여왕의 매니저이자 그레타의 아빠인 스반테라는 작자의 사진이야. 아마 미래에 거둬들일 어마어마한 현금 냄새를 맡고 있을걸."

스반테는 배에 오르고 처음으로 너무 빨리 항해를 시작한 게 아닌가 하는 걱정을 하고 있었다. 폭풍이 몰아칠 것으로 예상했지만 북대서양의 혹독한 11월을 견딜 만큼 견고하게 만들어진 배에 타고 있지 않았기 때문이다. 자신의 딸을 위험에 빠뜨리는 것마저 감수했던 걸까?

"니키에게 솔직히 말해야 했어요. 나중에라도 이런 걱정을 떨쳐버릴 수 있다면 다행이겠지만 그렇지 않다면 버뮤다에서 하선할 생각이었거든요." 스반테가 말했다.

"니키, 이번 항해가 성공할까요? 상황은 잘 수습되고 있는 거죠? 내 딸의 목숨이 당신한테 달렸어요."

훗날 니키가 내게 말하기를 그 이전에도 초조해하는 부모들과 함께 항해한 적이 있다고 했다. 심지어 자녀가 배에 타지도 않았는데 지레 겁을 집어먹곤 했다는데, 스반테의 표정은 진지했다.

"좋아요, 제가 책임지고 해결하겠습니다."

그레타와 선원들이 마지막 항해를
시작하기 전에 동이 트기를 기다리고 있다.
대서양에서 보내는 마지막 날 아침이었다.

2019년 12월 3일, 포르투갈 해안 외곽

대서양을 횡단하는 동안 그레타는 선장인
니키 헨더슨에게 지휘권을 넘겨주었다.

2019년 12월 3일 포르투갈 해안 외곽

그레타가 바다 위에서 거의 3주 가까이 보낸 후
처음으로 나타난 육지를 바라보고 있다.

2019년 12월 3일 포르투갈 리스본

그레타는 상징이 되는 팻말을 직접 만들었다.
이것은 두 번째 팻말이다. 첫 번째 팻말은
겨울 날씨에 닳아서 망가졌다.

2019년 12월 5일 포르투갈 리스본

그레타와 스반테가 지난 대서양 횡단에서 사용했던
항해복과 장비를 챙기고 있다.

2019년 12월 5일 포르투갈 리스본

부들부들 떨리는 다리로
리스본 거리를 산책하고 있는 그레타

2019년 12월 5일 포르투갈 리스본

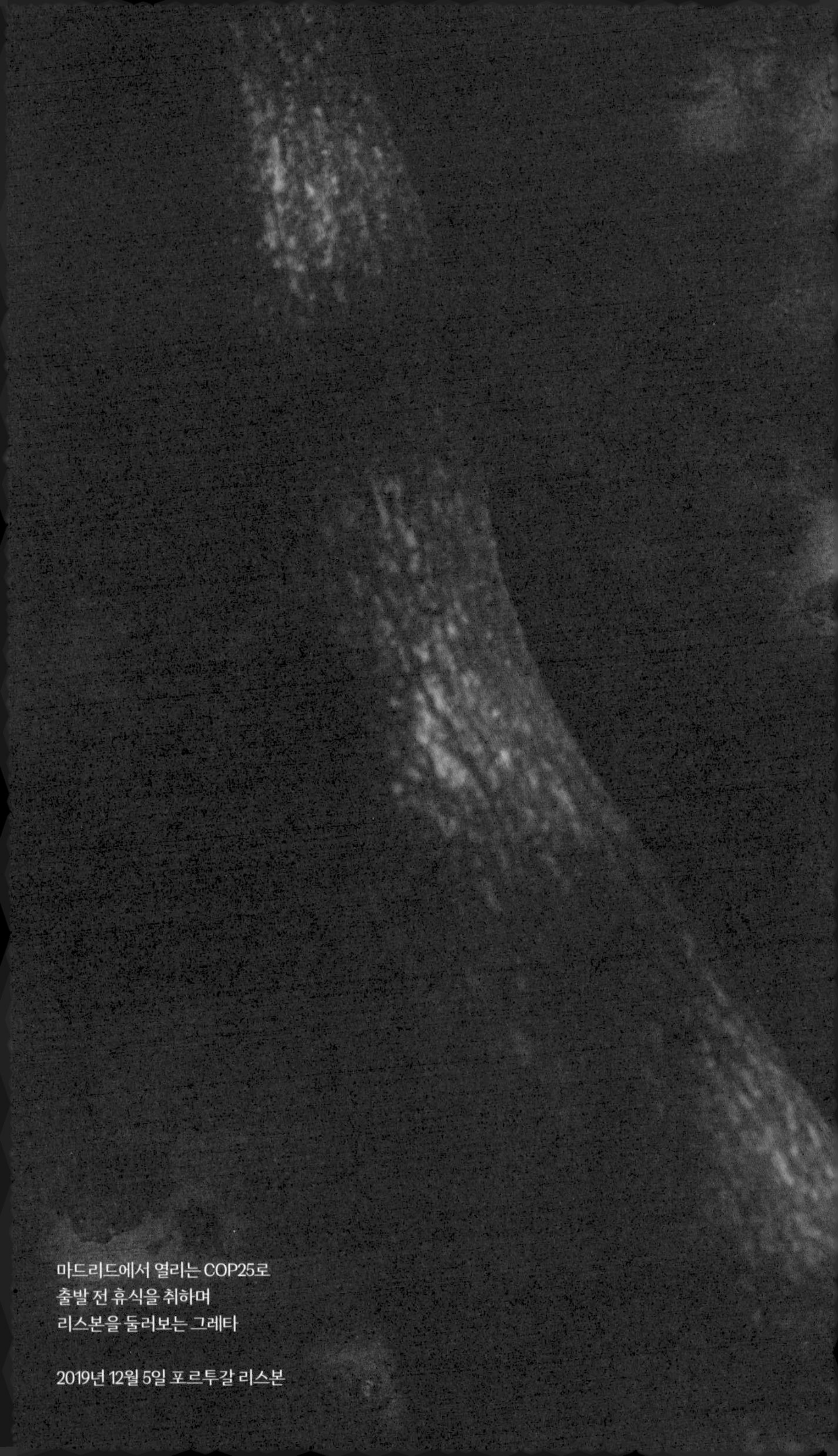

마드리드에서 열리는 COP25로
출발 전 휴식을 취하며
리스본을 둘러보는 그레타

2019년 12월 5일 포르투갈 리스본

09

태풍의 눈 속에서

2019년 12월 6일

마드리드의 저녁은 어두컴컴했다. 가로등 두어 개가 발렌시아 거리를 적적하게 비추고 있었다. 반짝이는 불빛이 보도를 따라 느릿느릿 움직였다. 수백 명의 사람들이 함께 모여 천천히 걸어가고 있었다. 일부는 도로변에 주차된 차들을 밀면서 앞으로 나아갔고, 일부는 휴대폰을 위쪽으로 쳐들고 있었다. 휴대폰의 카메라 렌즈는 모두 동일한 장소를 향했는데, 야간조명처럼 빛나는 카메라 플래시들도 같은 곳을 비추고 있었다. 서로 걸려 넘어지면서 모여든 군중이 한 방향으로 꾸역꾸역 밀려들었다.

이날은 유엔기후변화협약 당사국총회(COP25)가 열리는 첫째 주 금요일이었다. 요트를 타고 때로 험악한 날씨가 위협하는 3주간의 여정을 마친 그레타는 예상보다 며칠 빠르게 유럽의 리스본 해변에 도착했다. 총회 개최일보다 늦기는 했지만 거물 정치인들이 도착하기 전이었다. 협상은 월요일쯤 시작될 예정이었다.

문 닫힌 가게들 앞으로 일부 군중이 지나가는데 가게 셔터는 온통 낙서 천지였다. 잠시 후 그레타 일행이 기후 행진의 출발지인 파세오 델 프라도에 도착했고, 연설 장소인 누에보스 미니스떼리오역 앞

설치된 무대까지 계속 걸어갔다.

그날 아침 리스본을 출발한 야간열차는 마드리드 중앙역에 도착했고, 기차에서 내린 그레타의 부담감은 훨씬 커질 수밖에 없었다. 한 무리의 취재진과 사진기자들이 승강장으로 밀려들어 오면서 다른 여행객들은 재빨리 광고판 뒤로 몸을 숨기거나 자판기 옆에서 피난처를 찾아야 했다. 스페인 경찰들이 기자들을 뒤로 밀어내면서 그레타가 활동가들과 함께 앞으로 나갈 수 있도록 길을 터주었다. 몇 칸 옆에서 내린 로저와 나는 에스컬레이터를 타는 그레타의 뒤를 부리나케 쫓아 대기 중인 전기차까지 따라갔다.

잠시 후 그레타는 인스타그램에 이렇게 올렸다.

— 오늘 아침 마드리드에 몰래 들어가는 데 성공했어요! 아무도 저를 보지 못했을 거예요……

그레타는 사람들의 관심을 받아들이긴 했지만 그렇다고 즐기는 편은 아니었다. "그런 관심을 웃어넘길 줄 알아야 해요. 그렇지 않으면 결국 자신에 대한 왜곡된 이미지를 갖게 될 거예요." 그레타가 내게 말했다. "어쨌든 관심은 금방 사라지고 사람들은 제 존재를 까맣게 잊어버릴 거예요. 자신을 특별한 존재로 여기다 보면 사람들의 관심이 식었을 때 아주 힘들어질 수 있거든요."

그레타는 가만히 서 있었다. 곁에 있던 몇몇 시위자들이 서로의 손을 꼭 붙잡아 만든 인간 사슬로 스웨덴에서 온 십 대 소녀를 대중으로부터 떨어뜨려 놓았는데, 그중 한 명은 리스본에서부터 그레타를 따라온 니키 선장이었다. 주최 측에 따르면, 마드리드 거리로 쏟아져 나온 사람들이 50만 명이나 되었고, 그레타의 뒤를 따르며 인산인해를 이루었다.

그날 저녁 그레타는 할 수만 있다면 마드리드 군중의 일원이 되어 거리로 나가고 싶었을 것이다. 그녀는 종종 자신에게 쏠린 관심을 다른 사람에게 돌리려 했는데, 기자회견이 열리는 동안 기자들에게 이렇게 말했다. "다른 분들에게 질문을 해도 좋습니다."

그레타 옆에 있던 두 명의 시위자 사이에서 한 남자가 고개를 들이밀며 스웨덴어로 말했다. "나 아니면 에리카가 너와 함께 갈 거야."

남자의 이름은 얀이었다. 주로 스웨덴 왕실의 경호 책임자로 일했던 얀은 현재 휴직 중이었고, 지난 몇 주 동안 에른만-툰베리 가족을 돕고 있었다. 미국에서 요트에 위성전화를 추가로 설치했고, 툰베리 가족의 리스본 도착을 준비하기도 했다. 그레타의 마드리드 방문 계획의 보안을 유지하기 위해 자신의 능력을 최대한 발휘한 얀은 이제 그레타가 이곳에서 무사히 빠져나갈 수 있게 해야 했다. 그레타나 다른 사람이 다칠 위험이 있었다.

얀과 에리카는 스웨덴 활동가들 사이에서 자주 눈에 띄는 이들이다. 에리카는 말레나-오페라 가수인 말레나는 에리카가 낳은 쌍둥이 자녀의 대모였다-의 어린 시절 친구였다. 에리카는 그레타가 여행하거나 회의를 하고 정치 집회에서 연설하는 것을 도왔다. 그레타의 활동은 툰베리 가족이 홀로 감당하기에 벅찬 일이었다. 반대론자들과 음모론자들의 압력이 미묘한 상황을 만들어 냈고, 그레타를 수행하는 인원도 그리 많지 않았다. 그 이유는 그레타가 타인의 지배를 받고 있다는 헛소문이 나돌 수 있었기 때문이다. 그레타는 자신이 마치 국가원수처럼 극진히 대우받는 것을 불편해했다. 지금 이 순간 또한 자신이 마드리드 거리에서 행진할 준비가 되어 있는 대중의 지도자라고 생각하지 않았다. "아니, 저는 제 자신이 이 거대한 운동의 작은 일부분이라고 생각하고 있어요."

그레타는 얀을 바라보았다. 둘 사이에 파란색 물감으로 페이스페인팅을 한 젊은 여성이 서 있었다. 왼쪽 뺨에는 물결무늬가 그려져 있고, 같은 색으로 뒤덮인 이마에는 '바다가 솟아오르고 있다.'라는 문구가, 오른쪽 뺨에는 '우리도 솟아오르고 있다.'라는 문구가 쓰여 있었다.

그레타는 그곳에 남아 있고 싶었지만 얀의 말을 따라야 한다는 것 또한 알고 있었다. 군중이 있는 곳을 떠나 누에보스 미니스떼리오스역 옆에 설치된 무대로 곧장 이동해야 했다.

"혹시…… 차를 타기 전에 한마디 해도 될까요? 사람들에게 이유를 설명해야 할 것 같아서요."

"물론이지." 얀이 대답했다. "미디어에 말하고 싶은 거니?"

"네." 그레타가 말했다. "아니면…… 모두에게요."

스웨덴에서 온 기후 활동가는 잠시 후 무대에 올라 변화를 바라는 희망의 주인공은 기후 회의에 참석한 의사 결정자들이 아니라고 말할 참이었다.

"희망은 여러분과 함께 이곳에 있습니다." 그레타가 말했다. "대중이 요구할 때 변화는 다가올 겁니다."

다음은 그레타의 주장이 옳다는 것을 보여 주는 연구 결과이다.

공공정책 교수인 에리카 체노웨스Erica Chenoweth는 동료 마리아 스데판Maria Stephan과 함께 1900년부터 2006년까지 323건의 사회변화 운동 데이터를 수집, 분석했다. 그들의 저서《왜 비폭력 시민운동은 효과가 있나?》에 따르면, 전체 인구 중 3.5퍼센트가 적극 지지한 운

동 가운데 사회적 변화를 달성하는 데 실패한 시민운동은 단 하나
도 없었다. 나아가 평화적인 방법으로 변화를 모색하는 시민운동은
폭력에 의존한 시민운동보다 성공할 확률이 두 배 이상 높은 것으로
나타났다. 체노웨스의 주장에 따르면, 변화를 위한 평화적인 시민운
동이 세계 발전에 아주 중요한 역할을 하고 있는 데 비해 학교의 역
사 수업은 폭력적인 시민운동에 과도한 초점을 맞추고 있다. 2019년
체노웨스는 BBC에서 이렇게 말했다. "언제나 평범한 사람들이 실제
로 세상을 변화시키는 데 있어 매우 영웅적인 활동을 하고 있습니
다."

전기차가 접근하자 군중이 양쪽으로 갈라졌다. 그레타을 둘러싼
인간 사슬도 사라졌다.

"그레타에게 시간을 좀 주세요." 얀이 단호하게 말했다. 누군가 스
페인어로 급히 적었다.

— Espacio, Greta va a hablar(시간, 그레타가 말할 것이다).

"안녕하세요, 여러분." 그레타가 말했다. 마이크가 없었기 때문에
목청껏 크게 소리쳤다. 하지만 웅성거리는 군중 소리에 묻혀 잘 들리
지 않았다. 누군가 입술에 손가락을 갖다 대면서 쉿 하는 동작을 취
했다. "안녕하세요, 여러분." 그레타가 다시 입을 열었다. "음⋯⋯."

사람들이 너도나도 자발적으로 손뼉을 치기 시작했다. 한 남자가
"그레타아아!"라고 고함을 질렀다. 본의 아니게 그레타가 이 행진의
리더가 되고 말았다. 차단된 도로에 가만히 서 있는 파란 운동화 차
림의 소녀는 주위가 잠잠해질 때까지 기다렸다. 한 인터뷰에서 그레
타는 민주주의에 대한 자신의 관점을 진정한 희망의 원천으로 발전

시키고 싶다고 했었다.

"저는 특별한 선거를 통해 변화가 찾아올 거라고 확신하고 있어요. 국민이 충분히 이해한 상황에서 말이죠." 그레타가 말했다. "앞으로 몇 달 혹은 몇 년이 민주적인 상황에서 우리에게 필요한 행동을 결정하는 매우 중요한 시기가 될 거예요. 지금 우리의 행동이 무엇보다 중요한 이유가 바로 이것이죠. 그래야 나중에 손쓸 수 없을 정도로 상황이 악화되는 것을 막을 수 있을 거예요."

그러나 마드리드 거리에서 펼쳐진 즉흥 연설은 세상이 변화하는 것에 관한 것이 아니었다. 그레타는 단지 이 자리를 떠나야 한다는 사실을 동료 시위자들에게 알리고 싶을 뿐이었다. "그래서 말씀드리는데." 그레타는 말을 이었다. "경찰은 우리가 이대로 계속할 수 없다고 했어요. 아쉽지만 제가 돌아다닐 수 없기 때문에 행진에 참여할 수 없습니다. 안전이 그 이유입니다. 사람들이 서로 밟고 밟힐 수 있기 때문에……."

그레타는 누구에게도 등을 보이지 않으려는 듯 몸을 돌리며 말했다. "그리고 여러분 모두에게 정말 죄송합니다. 혹시라도 누군가 다칠 수 있으니까요. 물론 저도 행진에 함께 동참하고 싶은 마음이 간절합니다. 이것은 어디까지나 안전 문제입니다. 기자들이 너무 많아요. 이쪽으로 오는 분들도 너무 많고요. 그래서…… 음, 그렇습니다. 그리고 제가 이곳을 빠져나가는 유일한 방법은 이 전기차를 타는 것뿐입니다. 그래서 죄송하지만……."

한 여성이 자발적으로 소리쳤다. "좋아요, 나중에 봐요."

한 남성이 맞장구를 쳤다. "안녕, 고마워요!"

그레타의 옆으로 전기차 한 대가 정차했다. 스웨덴에서 온 기후 활동가를 태우러 온 차였다. 그레타가 차문을 열자 안쪽에 앉은 니키가 보였다. 뒷좌석에 세 명이 앉아야 했다.

"제가 체구가 작잖아요." 그레타가 말했다. "제가 가운데 앉을게요."

마드리드 기차역 플랫폼에 취재진과 사진기자들이 북적이고 있다.
모두가 하나같이 기차를 타고 도착하는 그레타를 인터뷰하고 사진을 찍고 싶어 했다.
혼란이 계속되자 그레타는 다른 여행객들과 부딪치지 않기 위해 어쩔 수 없이 기둥 뒤로 몸을 숨겨야 했다.

2019년 12월 6일 스페인 마드리드

안전상의 이유로 부득이하게 기후 행진이 중단되었고,
그레타가 탄 전기차는 인진요원에 둘러싸여 있었다.
이때 그레타는 심한 압박감을 느꼈다.

2019년 12월 6일 스페인 마드리드

기후 총회 개최에 앞서 많은 사람들이 그레타의 연설에 깊은 감동을 받았다.
그레타는 군중을 향해 이렇게 말했다. "희망은 기후 총회가 열리는 회의장 안에 있는 것이 아니라
이곳 바깥에 있는 여러분과 함께 있습니다."

2019년 12월 6일 스페인 마드리드

제25차 유엔기후변화협약 당사국총회(COP25)에 도착한 그레타.
그레타와 '미래를 위한 금요일' 소속 젊은이들이
유엔 보안요원 엠마뉴엘의 호위를 받으며 회의실로 향하고 있다.

2019년 12월 6일 스페인 마드리드

그레타가 기후 총회의 "녹색 방"에서 자신의 연설문을
마지막으로 수정하고 있다. 테이블 건너편에서는 코스타리카
환경에너지 장관 카를로스 마누엘 로드리게스 Carlos Manuel Rodriguez가
다른 사람들과 회의를 준비하고 있다.

2019년 12월 11일 스페인 마드리드

COP25에 참석한 그레타가 단상 뒤편 작은 상자에 올라
전 세계 정상들에게 연설하고 있다.

2019년 12월 11일 스페인 마드리드

마드리드 외곽에 있는 한 휴게소에서 그레타는
《타임》지 '올해의 인물'로 선정되었다는
소식을 들었다. 독일의 기후 활동가
루이사 노이바우어 Luisa Neubauer 와 함께
소식의 사실 여부를 확인하고 있다.

2019년 12월 11일 스페인 사라고사

10

집으로 가는 길

2019년 12월 15일

그들은 점점 가까워지고 있었다. 스웨덴행 고속열차 안 그레타와 스반테는 익숙하고 편안한 회색 실내에서 서로를 마주 보고 앉아 있었다. 덴마크 영토를 지나는 마지막 구간에서 탄력을 받은 열차는 스웨덴으로 향하는 다리에 진입하고 있었다. 아빠와 딸은 아무 말이 없었고, 분위기는 가라앉아 있었다. 핸드폰으로 무언가를 읽고 있던 스반테가 입을 열었다.

"소셜 미디어에서 난리가 났네. 사람들이 어제 네가 올린 게시물에 화를 내고 있어."

그레타는 연설 직후 스페인의 수도와 기후 총회 COP25를 떠났다. 프랑스에서 기차 파업이 일어나 여행의 첫 번째 구간은 전기차를 이용해야 했다. 충전을 위해 스페인의 사라고사 외곽 휴게소에 차를 세웠는데, 그곳에서 그레타가 타임지 올해의 인물로 선정되었다는 소식을 들었다.

인류가 우리의 유일한 보금자리와 맺은 포식적 관계에 경종을 울리기 위

하여, 파편화된 세상을 향해 배경과 국경을 뛰어넘는 목소리를 전하기 위하여, 새로운 세대가 이끄는 세상이 어떤 모습일지 우리 모두에게 보여 주기 위하여.

그들은 점심을 먹고 있었다. 그레타의 접시에 담긴 콩들이 갈색 소스에서 헤엄치고 있었다. 포크로 콩을 하나씩 찍어 먹던 그레타는 축하 인사를 받자 고개를 들어 "고맙습니다." 하고는 다시 포크를 들었다.

지난 한 해 동안 그레타와 '미래를 위한 금요일'은 많은 상을 받았다. 노르망디 평화상, 국제앰네스티 양심대사상, 국제 아동평화상, 바른 생활상, 캐나다 도시로 가는 몬트리올 열쇠상, 스코틀랜드 게드 환경 메달, 표현의 자유를 위한 노르웨이 프리트오르드재단상, 스웨덴 올해의 환경 영웅상 등등 셀 수 없을 정도였다. 상금은 모두 새로 설립한 재단으로 들어갔고, 곧 자선단체에 기부되었다.

10월 말, 그레타와 '미래를 위한 금요일'은 약 5만8000달러의 상금을 지급하는 북유럽 이사회의 환경상을 거부했다. 환경운동을 하는 데 있어 더는 상을 받을 필요가 없다는 것이 그 이유였다. "우리가 원하는 것은 정치가들과 권력자들이 현재 이용 가능한 과학에 관심을 갖는 겁니다."

그레타와 스반테는 물끄러미 차창 밖을 내다보았다. 마지막으로 스웨덴 남부를 여행할 때 여름이 한창이었는데, 지금은 비 내리는 겨울이었다. 스톡홀름에 점점 가까워지는 동안 마드리드의 기후 총회는 연장전에 들어갔다. 기록적인 속도로 모든 행사를 대서양 한쪽 끝에서 다른 쪽 끝으로 옮긴 주최 측은 정치적 성과를 거두는 데 난항을 겪고 있었다. 그들은 애매한 표현을 제시하며 세부 사항을 만지작거리기만 했다. 특히 협상 테이블의 거물격인 오스트레일리아와 브라질, 미국에서 딴지를 걸었다.

　총회에 참석한 과학자들은 자신의 연구 결과를 세상에 알리기 위해 최선을 다했다. 저명한 포츠담 기후영향연구소의 소장이자 교수인 요한 록스트룀Johan Rockström이 정치 지도자들 앞에서 연설을 했다. 그의 주장에 따르면, 과거에 연구자들이 생각했던 것보다 현재의 지구는 더 취약해져 있고 몇몇 지역은 이미 돌이킬 수 없는 한계점에 근접해 있어 인간이 초래한 온난화는 자연 그 자체만으로도 가속화되고 있었다. 록스트룀 교수는 이렇게 설명했다. "만약 우리가 배출가스를 통해 그린란드 빙상, 남극, 아마존 같은 기후 시스템을 한계에 몰아붙인다면 통제력을 모두 잃을 수 있습니다. 또한 우리가 오늘날처럼 지속적으로 온실가스를 배출하게 될 경우 지금으로부터 80년 이내에 3~4도 상승한 지구온난화를 목격하게 될 겁니다. 오늘날 우리가 알고 있는 지식에 따르면, 지금보다 4도 뜨거워진 지구에서는 인간의 삶을 지탱할 수 없습니다."

　그레타와 스반테가 자리에 앉자 열차 식당 칸의 붉은 소파가 삐걱거렸다. 두 명의 채식주의자가 먹을 음식이 전자레인지에서 데워지고 있었다. 그들은 재사용 물병을 식탁에 올려놓았다. 스롬란드 숲을 지나 외스테르예틀란드 평원에 이르는 동안 차창 밖으로 부슬부슬 비가 내리고 있었다. 트위터와 인스타그램은 여전히 난장판이었다. 평소보다 훨씬 심했다.

전날, 그레타는 SNS에 기차 여행 사진을 올렸다. 사진 속 그레타는 추리닝 바지 차림으로 여행 가방에 등을 기대고, 바닥에 앉아 창문 밖을 내다보고 있었다.

— 초만원 열차를 타고 독일을 지나고 있어요. 드디어 집에 가는 길이에요!

로저와 나도 같은 신세였다. 빈 좌석이 하나도 없어서 바닥에 앉아 있었다. 그런데 그레타가 올린 사진에 비난 댓글이 쏟아졌다. 좋아요 수를 올리기 위해 연출한 그림이라는 것이 주된 내용이었다. 독일의 철도회사인 DB는 트위터를 통해 그레타가 실제로 일등석을 타고 있다고 넌지시 암시하는 글을 남겼고, 이후 이 회사와 기후 활동가 사이에 일어난 '말다툼'에 관한 뉴스가 연일 독일 언론을 도배하면서 전세계에 보도되기도 했다. 나 또한 국제 언론사들로부터 인터뷰 요청을 받았고, 일본에서는 토크쇼에 참석해 달라는 요청이 날아들었다.

그레타의 인스타그램 팔로워는 거의 900만 명, 트위터의 팔로워는 약 350만 명에 육박했다. 이 운동을 확산하기 위해 이러한 사회적 플랫폼에 의존해 온 측면도 있지만, 그레타를 향한 증오와 위협, 사실과 다른 잘못된 주장들 또한 널리 확산될 수도 있었다.

도널드 트럼프가 대통령으로 당선된 2016년 11월, 영국 옥스포드 사전이 올해의 단어로 'Post-truth(탈 진실)'을 선정했다. 이 단어를 정의하자면 '객관적인 사실보다 감정적 호소가 여론 형성에 더 큰 영향을 미치는 상황'을 의미한다. 그리고 얼마 지나지 않아 그레타는 '탈진실' 사회의 표적이 되었다. 그레타의 페르소나(타인에게 파악되는 자아)가 음모론에 휘말렸는데, 다음 사례들처럼 얼토당토않은 내용 일색이었다.

그레타는 투자자인 조지 소로스로부터 조종당하고 있다.

그레타는 테러 단체인 ISIS와 연줄이 있다.

그레타는 러시아의 스파이다.

그레타가 중국과 일본 지도자에게 젓가락 사용을 중단해 달라고 말했다.

거짓말이 점점 더 많은 영역을 차지하는 이 세계에서 이용 가능한 최고의 과학을 진지하게 받아들이라는 그레타의 메시지도 논란을 불러일으켰다.

"본인이 직접 표적이 되면 음모론에 대한 시각이 바뀌게 됩니다." 스반테가 말했다. "그레타의 경우 새로운 음모론이 매일 하나씩 생겨나고 있어요. 물론 처음에는 웃어넘기지만 이내 많은 사람이 그것을 기정사실화하는 것을 알게 되었죠. 심지어 친척이나 친구, 지인들마저 그렇게 믿고 있어요. 대다수의 사람이 사회에 확산되는 음모론과 온갖 의도적인 거짓말을 너무 순진하게 받아들이고 있어요."

그레타는 일 년 동안 학교를 휴학한 상태에서 이용 가능한 최고의 과학−현재의 비상사태에 경종을 울리는 과학−을 조명하기 위해 대서양을 두 번이나 건넜다. 그러나 마드리드에서 만난 세계 정상들은 위기 상황을 대수롭지 않게 여기는 것처럼 보였고, 결국 교섭에 실패했다. 그러자 언론을 통한 관심의 초점은 그레타의 기차 여행으로 이동했다.

집으로 가는 동안 내내 그레타의 머릿속을 맴돈 사실이 있었다. 사람들은 기껏해야 '대안적 사실'과 진실을 동등하게 취급하고 있으며 홍보 캠페인과 정치 구호, 소셜 미디어 등을 통해 거짓말이 확산되고 있다는 사실이었다.

저 멀리 고향이 보이기 시작했다. 이 얼마나 갈망해 오던 순간인가! 그동안 쉼 없이 이야기하고, 마음속으로 그려 온 고향 풍경이었다. 스톡홀름 남부역의 파스텔 빛깔 플랫폼을 보면서 그들이 느낀 것은 벅찬 희열이었다. 기차가 천천히 리다르피에르덴 만 위를 지나자 불 켜진 의회와 시청이 보였다. 드디어 집이었다. 스톡홀름 중앙역에는 그레타 일행을 기다리는 TV 중계 팀도, 페이스페인팅을 한 팬들도 없었다. 이들의 안전을 위해 도착한 경찰관 10여 명이 길을 막고 있을 뿐이었다. 이제 곧 열일곱 살이 되는 기후 활동가는 팻말을 들고 아빠와 함께 12월의 어두운 쿵스홀멘 거리를 걸어갔다. 집에 거의 도착할 무렵 그레타는 마중 나온 엄마와 여동생, 반려견 모세스, 록시와 재회했다. 그레타는 아빠를 쳐다보며 말했다.

"제가 상상했던 것과 똑같은 장면이에요. 집에 돌아오기만 해도 행복해질 거라고 생각했어요."

토리노 시장이 기후 파업을 위해
집으로 돌아가는 그레타를 환대하며
도시에서 가장 중요한 기념물을 보여 주고 있다.

2019년 12월 13일 이탈리아 토리노

"취소할까요?"
5개월간 줄곧 이동한 그레타는 지쳐 있었다.
그레타와 스반테가 토리노에서 열리는
기후 파업 현장에서 연설하기 전
먼저 연설이 가능한지 확인하고 있다.

2019년 12월 13일 이탈리아 토리노

취재진이 금속 차단 펜스를 밀어붙이자
자원봉사자들이 되밀고 있는 상황에서
그레타와 '미래를 위한 금요일' 소속 지역 대표들이
기자회견을 열고 있다.

2019년 12월 13일 이탈리아 토리노

역사적인 건물들로 둘러싸인 토리노 중심부 카스텔로 광장에서
그레타는 이렇게 말했다. "다가오는 10년 동안 우리가 해야 할 것과
하지 말아야 할 것을 결정하면 그것으로 우리는 남은 인생을 살아야 할 것입니다."

2019년 12월 13일 이탈리아 토리노

이탈리아에 있는 지지자들에게 그레타는
인기 있는 록스타이다.

2019년 12월 13일 이탈리아 토리노

스웨덴으로 돌아가는 도중 많은 문제가 발생했다.
독일 기차에 탑승한 그레타가 바닥에 앉아 있는 사진을 공유하자
철도 회사 도이치반에서는 그레타가 일등석을 탔다고 반박했다.
그레타는 이 일에 대해 이렇게 말했다.
"트위터상의 설전이 집으로 가는 모든 여정을 망쳐 놓았어요."

2019년 12월 14일 독일

Einsteigen
und entspannen.

**Mit dem
Komfort Check-**

Checken Sie eigenständig
und führen Sie Ihre Tick
mit Ihrem Ticket in der
mit oder ohne Reservier
ungestört ohne weitere

Mehr Infos unter **bahn.c**

그레타는 뉴욕과 마드리드에서 열리는 기후 총회에 참석하기 위해
대서양을 두 차례나 횡단하는 134일간의 여정을 마치고
다가올 크리스마스를 기념하기 위해 스톡홀름 집으로 돌아가고 있다.

2019년 12월 4일 덴마크

기차가 스웨덴 국경을 통과하자
그레타는 이번 여행에서 얻은 것들을
적기 위해 일기장을 꺼냈다.

2019년 12월 15일 스웨덴

그레타가 미국 여행에서 찍은 사진을 보고 있다.

2019년 12월 15일

스반테와 그레타가 코펜하겐 공항의
카스트럽 역에서 기차에 탑승하려는 여행객들과
시선을 교환하고 있다.

2019년 12월 15일 덴마크 카스트럽

스톡홀름 중앙역에는 그레타를 기다리고 있는
지지자도 취재진도 없었다. 그레타와 스반테는
어둠 속에서 방해받지 않고 집까지 걸어갈 수 있었다.

2019년 12월 15일 스웨덴 스톡홀름

그레타가 집에서 휴식을 취하고 있다.
퍼즐 맞추기는 그레타가 가장 좋아하는
취미 중 하나이다.

2019년 12월 31일 스웨덴 스톡홀름

그레타는 새해를 앞두고
반려견 모세스와 함께
오랜 시간 산책을 했다.

2019년 12월 12일 스웨덴 스톡홀름

11

위기를 진짜 위기로
받아들여야 한다

2020년 4월 1일

글래스고에서 열리는 제26차 유엔기후변화협약 당사국총회 (COP26)가 코로나 팬데믹(전염병의 세계적 대유행)으로 연기될 것이라는 소문이 돌기 시작했을 때 그레타는 스톡홀름 쿵스홀멘에 있었다. 발코니에 앉아서 체스 게임을 하는 중이었다.

그레타는 조심스럽게 체스판의 말을 하얀 사각형에서 검은 사각형으로 옮기고 스반테를 쳐다보았다.

"아빠 차례예요."

그레타와 스반테가 북미에서 돌아온 이후에도 여행은 몇 차례나 계속되었고, 유럽을 통과하는 마지막 기차 여행에서 돌아온 지 3주가 지나 있었다. 그레타는 함부르크에서 파업을 시작했으며 브뤼셀의 유럽연합(EU) 의회에 나가 연설을 했다. 런던에서는 데이비드 애튼버러David Attenborough 경을 만나고, 옥스퍼드에서 말랄라 유사프자이 Malala Yousafzai를 방문했다. 파리와 그르노블의 파업이 임박했지만 그레타는 모든 일정을 취소할 수밖에 없었다. 바이러스가 점점 가까이 오고 있었다. 시민운동을 이끄는 지역 대표들이 시위를 계속해야 한다고 주장했지만, 그레타는 그렇게 하고 싶지 않았다. 트위터에는 이렇게 남겼다.

— 집안 사정으로 이번 주 금요일과 토요일, 그르노블과 파리에서 열리는 행진에 참여할 수 없게 되었어요. 가능한 한 빨리 파리로 돌아올 수 있게 되기를 고대할게요.

아무도 실망시키지 않으려는 선의의 거짓말이었다.

"제 역할에 대해 많이 고민했어요. 정부 당국이 금지할 때까지 파업을 계속해야 할까, 아니면 우리 스스로 책임을 져야 할까? 위기 상황에서는 우선 적응부터 하고 다른 중요하지 않은 일은 제쳐 두어야해요. 그래서 여행을 취소하기로 결정했어요."

집에서 사흘을 보낸 후 첫 증상이 나타났다. 스반테는 발코니에 앉아 햇볕을 쬐고 있었다. 니트 모자와 스카프를 겹겹이 두른 재킷 차림이었다. 그레타의 가벼운 감기 증상은 사라진 지 오래되었지만 그날 처음으로 침대에서 일어난 스반테는 간간이 마른기침을 콜록거렸다. 열과 오한은 가라앉았지만 거동이 불편했다. 스반테는 그레타를 향해 고개를 끄덕였다. 발코니는 조용했지만 '미래를 위한 금요일' 운동은 쉼 없이 계속되었다. 불과 18개월 만에 헌신적인 어린이와 젊은이들이 지구 전체의 기후 위기에 대해 수백만 명의 시각을 바꿔 놓았으며, 의사 결정자들이 이 문제를 다룰 수밖에 없도록 밀어붙였다. 하지만 지금은 가장 중요한 활동을 더 진행할 수 없는 상황이었다. 서로 만날 수가 없었다. 디지털 회의, 연속 세미나, 강연회 등을 조직해서 어떻게든 불씨를 살려 보려 애를 썼지만 별 소용이 없었다. 지금은 어느 누구도 기후에 대해 말하고 싶어 하지 않았다. 관심의 초점은 또 다른 글로벌 위기로 옮겨 가고 있었다.

그레타의 휴대폰에서 채팅 방이 폭발했다. 링크를 주고받던 활동가들이 우려를 표했다.

— 젠장, 그들은 지금 유엔기후변화협약 당사국총회 연기를 결정하고 있어. 어떻게 반응해야 하지?

파업을 시작한 이후 그레타는 같은 메시지를 반복했다.

— 재앙을 피하기 위해 필요한 것은 전 세계가 기후 위기를 진짜 위기로 받아들이는 것입니다.

이제 코로나가 폭발적으로 확산하자 세계 각국의 정상들과 정부는 대규모 대책을 내놓았다. 사람들의 사회 활동을 차단하고 경제 구호 조치들을 마구 쏟아 냈다. 세계보건기구(WHO)는 매일 기자회견을 열었다. 스웨덴의 공중보건기관도 마찬가지였다. 기자들이 팬데믹에 관한 정보를 조사하고 알린 덕분에 사람들은 매일같이 감염자와 중환자, 사망자 수가 업데이트된 정보를 받았다. 비즈니스 뉴스는 이번 위기가 시장에 미치는 영향과 기업들이 처한 난관을 보도했고, 지역 기자들은 현지 병원 상황을 전했다. 스포츠, 문화, 엔터테인먼트 분야에서도 코로나 바이러스에 관한 기사들뿐이었다.

2020년은 아주 특별한 해가 될 수도 있었다. 추진력을 얻은 시민운동이 인류의 미래를 바꾸는 기후의 해로. 하지만 결과적으로 코로나 바이러스가 창궐하고 말았다. 세계 어느 곳이나 병원이 있는 곳에는 시신 보관용 냉장 선적 컨테이너가 반입되었다. 기후 변화와 마찬가지로 코로나 대유행도 인간과 자연의 관계에서 비롯된 광범위한 지속 가능성 위기의 일부분이다. 인간과 동물 사이의 거리가 줄어들면서 다른 종으로부터 전염되는 질병 위험이 커지고 있는 것이다. 지구에서 인류가 차지하는 공간은 점점 더 커지고 있다. 인간은 농사를 짓기 위해 더 넓은 땅을 사용하고, 더 많은 가축을 기르고 있다. 인간의 소비 습관은 도시를 확장시키고 환경에 해를 끼치고 있다. 게다가 인간의 장거리 여행으로 인해 감염병이 빠르게 확산되고 있다.

2020년에 나온 〈#팬데믹 보고서〉에서 유엔생물다양성위원회(IPBES)는 현대 모든 전염병은 인간의 책임이라고 지적했다. 이 보고서가 발표되었을 때 주요 저자 가운데 한 명인 피터 다스작Peter Daszak은 이렇게 말했다. "기후 변화와 생물 다양성 파괴를 주도하는 것과 동일한 활동들이 팬데믹의 위험을 유발하고 있습니다." 그리고 이렇게 이어 갔다. "인간의 활동이 자연 환경을 근본적으로 변화시킬 수 있다는 사실이 항상 부정적인 결과를 가져오는 것은 아닙니다. 미래의 팬데믹 위험을 감소시킬 수 있는 능력을 확실한 증거로 보여 주는 동시에 환경을 보존하면서 기후 변화를 줄일 수도 있기 때문입니다."

그레타와 스반테는 임대한 아파트에서 자가 격리 중이었다. 엄마와 여동생은 바이러스의 힘이 미치지 않는 집에 있었다. 아빠와 딸은 자주 TV를 보았고, 식탁 위에는 1500개의 퍼즐 조각들이 흩어져 있었다. 격리 생활 중에는 여러 가지 면에서 절제된 생활을 해야 했다. 집에 있는 동안 외식, 쇼핑, 여행, 출퇴근을 삼가야 했고, 이런 변화는 바이러스 확산을 제한적으로 막는 효과가 있었다. 동시에 팬데믹에 대한 전 세계의 대응은 지구의 탄소 배출량이 감소하는 결과를 가져왔다. 그렇다면 이 또한 기후 위기를 억제할 수 있는 인간의 행동 방식은 아닐까?

"팬데믹에 긍정적인 측면은 하나도 없어요." 그레타가 말했다. "팬데믹은 비극일 뿐, 다른 무엇도 아니니까요. 탄소 배출량 감소도 일

시적인 현상이에요. 기후 위기 대처 방안으로 전 세계가 어떤 조치를 취해야 할지 아직 확실히 정해지지도 않았죠. 우리가 가장 먼저 해야 할 일은 기후 위기를 진짜 위기로 받아들이는 것이에요."

그레타가 추구하는 행동주의의 핵심은 절제였다. 그레타는 비행기를 타지 않았고, 육식과 유제품을 멀리했다. 파업을 위해서는 수업을 포기했으며 그렇게 기후 위기의 '해결책'이 활동을 더 많이 하는 것이 아닌 더 적게 하는 것임을 실천해 왔다. 기술적인 해결책이 필요한 상황에서도 그레타가 가장 중요하게 여기는 것은 절제였다. 그레타는 기후 파업 운동이 널리 알려지기 훨씬 이전에 이 방법을 시험한 적이 있었다.

그레타가 7학년 때였다. 역사박물관으로 견학을 갔는데 그레타가 어디론가 사라진 일이 있었다. 학생들의 견학을 책임진 교사는 그레타를 따라 직장을 옮긴 아니타였다. 그레타가 홀연히 사라진 이유는 학생들이 관람한 기후 전시와 그 분위기 때문이었다. 특히 심각한 기후 문제에 대한 해결책으로 제시한 문구가 그레타의 심기를 매우 불편하게 했다. '운전을 줄이고, 연료를 바꾸고, 자전거나 대중교통을 이용하라.' 그뿐이었다. 그레타가 보기에 인류가 직면한 위기의 심각성을 박물관이 제대로 전달하지 못하고 있었다. 대체 자연사박물관의 과학자들조차 진실을 말해 주지 않는다면 어느 누가 말한단 말인가.

그레타에게는 전체론적 관점-기후 문제를 사소한 난제들로 파편화하는 것이 아니라 모든 것에 영향을 미치는 위기로 간주하는 것-을 유지하는 것이 매우 중요했지만, 그레타가 전시장을 떠난 이유는 이러한 관점이 부족해서가 아니었다. 대화형 디스플레이가 다진 고기 1킬로그램을 생산하는 동안의 이산화탄소 배출량 수치를 부정확하게 나타냈을 때 그레타는 그 자리에 더 있을 필요가 없다고 생각했다. 아니타 선생님은 박물관의 웅장한 입구 대리석 바닥에 앉아 있는 자신의 학생을 발견했다. 그레타는 보라색 겨울 코트를 바닥에 깔고 그 위에 앉아 있었다. 침묵의 시위였다. 물론 당시에는 아무런 영향력을 발휘하지 못했지만.

발코니에서 다시 스반테의 차례가 돌아왔고, 그레타의 휴대폰에서 계속 진동이 울렸다.
― 누가 어떤 소식을 들었니?
― 그들이 COP를 취소하면 어떻게 될까요?
― 그걸로 끝나겠지.
팬데믹이 발생한 첫 달, 그레타는 그 추이를 파악하기 위해 애를 썼지만 그때 본 것은 '종말'이 아니었다. 엄청난 비극과 고통을 목격했지만 의사 결정자들이 기후 위기를 진짜 위기로 받아들이는 것 또한 지켜볼 수 있었다.
"팬데믹이 유행하고 있다면 COP26을 연기하는 게 논리적이고 합리적이에요. 지금 전 세계 지도자들은 인간의 생명이 값을 매길 수 없을 만큼 소중하기 때문에 무엇이든 할 수 있다고 거듭 말하고 있어요." 그레타가 말했다. "단순히 이렇게 말하는 것만으로도 그들은 이전과 전혀 다른 새로운 차원의 시도를 하고 있는 것이에요. 앞으로 기후 위기에 대해서도 이와 똑같은 방식으로 설명하는 것이 제게 남은 과제예요. 저는 이것을 몇 번이고 반복해서 말할 거예요."
마침내 뉴스가 전해졌고 체스 게임은 이미 끝나 있었다. 기후 총회는 연기되었다. 어쩌면 2021년은 새로운 2020년이 될지도 모르지만, 어쩌면 그렇지 않을 수도 있었다.

한동안 팬데믹의 영향으로 '미래를 위한 금요일'이
대규모로 열리지 못했음에도 불구하고 그레타는
기후 문제에 있어 전 세계에서 가장 영향력 있는 목소리를 내는
사람 중 하나로 남아 있다. 여전히 언론과 인터뷰를 하거나
과학자, 정치인들과 화상회의를 하고 있다.

2020년 11월 11일

12

이것이 끝일까

2020년 9월 22일

　화요일 오후 4시가 가까워지고 있었다. 그레타가 자전거가 타고 쇠데르말름에서 쿵스홀멘으로 내려오고 있다. 나는 선 채로 그레타를 기다리는 중이었다. 그레타는 페달을 밟을 때마다 무릎을 높이 쳐들었다. 자전거가 너무 작았다. 어깨에 멘 초록색 체크무늬 가방이 튕기듯 들썩거렸다. 안식 휴가를 끝낸 그레타는 일상으로 돌아왔고, 오늘은 프랑스어 불규칙 동사 시험을 본 날이었다. 기승을 떨치는 팬데믹 탓에 그레타는 여전히 스톡홀름 집과 학교를 오가며 지내고 있었다.

　지난 2년간의 여행 때문인지 오랜만에 보는 그레타의 모습이 낯설었다. 그동안 그레타는 기차와 전기차를 타고 유럽의회에 가고 이탈리아 상원, 영국 하원을 만났다. 프랑스 국회를 방문하고, 요트를 타고 대서양을 횡단해 뉴욕에서 열린 유엔 기후 회의와 마드리드에서 열린 유엔기후변화협약 당사국총회에 참석했다. 그레타가 가는 곳마다 군중이 구름처럼 모여 들었고, 그 규모와 세력 또한 점점 커져 갔다. 전 세계적인 시민운동으로 성장하는 중이었다.

　그레타는 도착하자마자 자전거를 주차하고 헬멧을 벗어 자물쇠에 매달았다. 우리는 파란색 펭귄 헬맷을 뒤로하고 나란히 걸어 중앙 출입구의 미닫이문을 통과했다. 몇 주 전 우리는 그레타의 집 부엌 식탁 앞에 앉아 있었다. 발치에는 반려견 모세스와 록시가 누워 있었다. 그레타의 여정을 기록한 책을 끝내기 전 함께한 마지막 인터뷰였다. 그레타는 이제 막다른 길에 다다랐다고 했다. "달에 가서 파업을 해도 별 차이가 없을 거예요. 어차피 메시지가 전달되지 않으니까요."

"왜 그렇지?" 내가 물었다.

"모두 다른 사람 탓을 해요. 정치인, 언론인, 권력을 가진 사람들은 다 그래요. 누군가 이 사슬을 끊어야 해요. 누군가는 용기 내서 있는 그대로의 진실을 말해야 해요."

"그게 누구지?" 나는 알고 싶었다.

그레타가 재차 질문을 던졌다. "위기를 알리는 게 누구 책임일까요? 사람들에게 위기의식을 심어 주는 것이 누구 책임일까요?"

자전거를 밖에 세워 둔 채 그레타는 여전히 다겐스 니헤터의 건물 2층에 있었다. 구내식당으로 사용하는 밝고 널찍한 공간이었다. 그레타의 어깨 너머로 사진을 찍고 있는 로저가 눈에 들어왔다. 로저와 내가 그레타의 세계에 머무는 동안 2년의 시간이 흘렀는데 이제야 그레타가 우리 세계를 방문한 것이었다. 그레타는 신문사 경영진의 초대로 '저널리즘과 기후 위기'에 대해 연설할 예정이었다. 40명의 직원들이 의자에 앉아 그레타를 기다렸고, 나 역시 그중 한 명이었다.

그레타가 스웨터에 마이크를 끼우는 동안 중계 카메라 앞에는 편집국장 카스파르 오피츠$^{Caspar\ Opitz}$가 서 있었다. 환영사와 함께 그레타에 관한 기본 정보를 전하는 중이었다. 발밑에는 연사가 카메라 프레임 안에 서 있어야 할 지점이 표시되어 있었다. 준비를 마친 편집국장이 손님을 향해 돌아서며 말했다. "자, 이제 그레타 양에게 자리를 양보하겠습니다."

포니테일 머리를 하고 분홍색 후드티와 헐렁한 꽃무늬 바지를 입은 젊은 여성이 우리 앞에 나타났다. 오랫동안 그레타의 땋은 머리를 보지 못했지만, 로저와 내가 그레타를 처음 만난 이후 그녀가 겪은 엄청난 변화에 비하면 이런 외적인 변화는 그리 대수로운 일도 아니었다. 당시 그레타는 조용하고 외로운 내향적인 소녀였다. 이제 막 우울증을 극복하고, 절친한 사이가 아닌 사람과도 대화를 나누기 시작한 때였다. 그레타를 처음으로 인터뷰하기 전 나는 어떻게 행동해야 할지 확신이 서지 않았다. 그때는 그렇게 나약한 누군가와 만날 준비를 해야 했지만, 이제 그레타는 전 세계에서 가장 영향력 있는 사람 중 하나였다.

그레타가 입을 열었다. "녹아내리는 빙하와 산불, 줄어드는 해빙과 해수면 상승, 극심한 폭염, 감소하고 있는 북극 빙상, 극단적인 날씨, 녹고 있는 영구동토층, 죽어 가는 숲, 생물 다양성 감소, 허리케인, 홍수, 대멸종 이 모든 것들이 우리 주변에서 늘 일어나는 기후 위기의 징후들입니다. 그리고 여러분이 글로 쓰고 있는 것들이기도 합니다."

기자들을 바라보며 잠시 침묵했던 그레타는 카메라를 쳐다보며 말을 이었다. "종종 여러분은 늘 이 문제를 다룬 글을 쓰고 있다고 생각하겠지만 현실은 그렇지 않습니다. '기후는 매우 중요하다. 기후는 중대한 문제'라고 말하지만, 그것은 '기후 위기'와는 전혀 다른 문제입니다. 여러분은 이 문제를 거의 다루고 있지 않습니다."

로저의 카메라에서 찰칵 소리가 났다. 그레타와 동행한 여행은 로저를 변화시켰다. 로저는 지금까지 걸프전, 보스니아, 다르푸르, 이라크, 시리아 등지를 찾아다니면서 전쟁과 분쟁을 취재하고 북한을 여행하는가 하면 지구촌 곳곳에서 벌어지는 혁명과 뉴스, 스포츠 행사들을 다큐멘터리로 제작하며 산전수전 다 겪은 사람이었다.

마드리드에서 열린 기후 회의에서 돌아오는 길에 잠시 차 안에서 쉴 때였다. 우리는 〈타임〉이 뽑은 올해의 인물에 그레타가 선정된 것을 축하했다. 로저가 나를 바라보며 말했다. "우리가 어떻게 이 과정의 일원으로 참여하게 되었는지 생각해 봤어요." 기후 위기에 대한 지식은 세상을 바라보는 관점까지 바꿔 놓았다. "50~60년대 내가 성장하던 시절에는 미래를 믿음이 컸어요." 로저가 말을 이어 갔다. "우리 아이들도 기후 위기에 관한 글을 읽고 있는데, 나와는 전혀 다른 방식으로 미래를 생각하고 있더군요. 좀 더 구체적으로 말하면, 기후 위기가 자신에게 어떤 영향을 미치는지 아이들이 이미 알고 있다는 겁니다. 이따금 이 문제를 놓고 아이들과 대화하다 보면 암울해지죠. 기분이 썩 좋지 않아요."

열한 살 때 그레타가 우울증을 앓은 것은 세상 사람들이 기후 위기를 완전히 부정하고 있다고 생각했을 때의 반응이었다. 그레타는 기후에 대해 많은 지식을 가지고 있었기에 이 위기를 결코 못 본 척해서는 안 된다고 생각했지만 홀로 동떨어진 느낌이 들었다. "과학이 이렇게까지 명확히 알려 주는데 어떻게 어른들은 이 사실을 외면할 수 있는 거지?" 그레타는 자문해 보았다.

이제 학교 파업은 110주째에 접어들었고, 그레타가 열여섯 살에서 열일곱 살로 접어드는 동안에도 전 세계 온실가스 배출량은 꾸준히 증가했다. 팬데믹 기간의 배출량 감소는 일시적이었다. 그 와중에 간간이 들려오는 기후 뉴스는 풍력이 갈수록 경쟁력을 얻고 있다거나 더 많은 사람들이 전기차 구입을 선택하고 있다는 식의, 주로 긍정적인 측면에 초점을 맞춘 소식들이었다. 하지만 이러한 희망적인 시각은 안전에 대한 잘못된 의식을 심어 주었다. 자세히 들여다보면 한눈에 알 수 있다. 세계 어디에서도 과학자들의 경고에 대해 정치적으로 적절하게 대응하는 곳이 없었기 때문이다.

스웨덴은 2045년까지 기후 중립에 도달하는 것을 목표로 하고 있는 모범적인 국가로 종종 거론되곤 한다. 그러나 이는 파리협정 의무를 충족하기 위해 필요한 수준에 한참 미치지 못한다. 심지어 스웨덴에서 발생하는 탄소 배출량의 상당 부분을 차지하는 국제 항공 및 해양 운송, 바이오연료의 탄소 배출, 선내에서 생산되는 물품 소비 등은 여기에 포함되지도 않았다. 2019년 스웨덴은 탄소 배출량을 5100만 톤으로 보고했지만 전체 경제에서 발생되는 총 배출량은 1억5000만 톤을 넘어선다. 더욱이 그 목표에는 탄소 배출량을 최소 85퍼센트 감축하는 '넷제로(탄소 배출량을 줄이고 대기 중 이산화탄소를 흡수하는 방법을 통해 온실가스의 양을 0으로 만드는 탄소 중립)'에 도달하는 것이 포함되어 있다. 나머지는 여러 가지 다른 조치들을 통해 상쇄될 것이다. 예들 들어 다른 나라의 태양광 발전소에 투자하거나 이미 대기에 방출된 탄소를 흡수하는 방식 등이다. 하지만 필요한 규모에 적합한 기술은 여전히 존재하지 않는다. 사실 스웨덴은 아주 낮은 목표치를 설정했지만 그조차 달성하기가 결코 쉽지 않을 것이다. 스웨덴 환경보호청은

2045년까지 기껏해야 목표한 넷제로의 절반에 도달할 것으로 추산하고 있다.

높은 창문 밖으로 자동 차양막이 펼쳐지고 있었다. 그레타는 말을 계속 이어 갔다. A4용지 석 장에 인쇄된 연설문을 양손으로 잡은 채 간간이 아래를 내려다보곤 했지만, 대부분 이미 암기하고 있던 내용이었다.

"오늘날 기후 위기에서 가장 중요한 한 가지가 있습니다. 그것은 바로 시간입니다."

"모든 뉴스에 '우리'가 시간과 싸우고 있다는 문장이 있다고 상상한 다음 시간이라는 요소를 제거해 보세요. 뭐가 남을까요? 느릿느릿 소방서로 걸어간 소방관들이 올라탄 트럭이 대형 화재가 발생한 장소로 가는 진입로에 멈춰 서 있다면 어떻게 될까요?" 그레타는 계속 말했다. "만약 여기서 시간이라는 요소를 제거한다면 더 이상 위기가 아닐 겁니다. 이 경우에도 지금처럼 현재의 상황을 계속 진행시킬 수 있습니다. 왜냐하면 나중으로 미루면서 간단히 문제를 해결할 수 있기 때문입니다. 언젠가 다른 시간으로 연기하는 것이죠. 2030년이나 2045년으로, 아니 2050년으로 미루지 못할 이유가 있나요?"

몇 주 전 부엌 식탁 앞에 앉아 인터뷰를 하는 동안 그레타는 전 세계 주요 정치인들과의 만남에 대해 언급한 적이 있었다. "메르켈 독일 총리나 폰데어라이엔von der Leyen 유럽연합 위원장 같은 의사 결정자들과 이야기를 나누다 보면 항상 이런 식으로 대화가 진행되었어요." 그레타가 말했다. "그들은 '우리가 하려는 것이 바로 이것입니다.'라고 말한 다음 '당신처럼 젊은 활동가들은 충분하지 않다고 생각하겠지만 최소한 우리는 노력하고 있습니다. 이것이 올바른 방향으로 나아가는 한 걸음입니다.'라는 말을 덧붙이죠."

"그럼 저는 이렇게 대꾸해요. '충분하지 않다는 건 의견이 아닙니다. 이런 이분법적인 논리는 파리협정에 부합하지 않아요. 만약 이런 식으로 계속 진행한다면 파리협정을 포기하게 될 거예요.'라고."

"그럼 그분들은 다시 이렇게 말하죠. '네, 우리의 목표나 우리가 말한 것과 일치하지 않는다는 것을 잘 알고 있어요. 하지만 최소한 올바른 방향으로 나아가는 한 걸음인 셈이죠.'라고. 하지만 올바른 방향으로 나아가기 위해 작은 발걸음을 내딛는 시점은 이미 한참 지났어요."

그레타는 내 동료들에게 연설을 시작했다. "지금까지 저는 과학이 요구하는 것을 기꺼이 실행에 옮기려는 정치인들을 단 한 명도 만난 적이 없습니다. 그 이유는 간단합니다. 대중의 지지를 받지 못하기 때문이죠. 하지만 대중은 현재 일어나는 심각한 상황에 대해 충분한 정보를 제공받지 못하고 있습니다. 위기의식도 생기지 않고, 그렇게 되면 이 문제를 애써 무시하는 정책 결정자들에게 압력을 가할 수도 없을 겁니다."

그레타는 연설문을 내려다보더니 다시 한 번 청중을 향해 시선을 돌렸다. "제4의 신분인 언론에게 책임이 있습니다. 우리가 처한 상황에 대해, 즉 우리에게 직접적으로 매우 중요한 주제에 대해 사람들에게 알려 줄 책임이요." 그레타가 말했다. "그리고 솔직히 말해서 여러분이 우리의 유일한 희망입니다. 왜냐하면 우리에게는 남은 시간도 얼마 없지만 필요한 지식과 정보를 퍼뜨릴 수 있는 능력자도 거의 없기 때문입니다."

연설이 거의 끝나가고 있음을 암시하듯 그레타는 종이를 접었다.

"저 같은 활동가에게는 팻말과 트위터 계정, 전단지가 있습니다. 그리고 여러분이 속한 언론은 하루아침에 모든 것을 바꿀 수 있는 자원과 기회를 가지고 있죠. 여러분이 그 기회를 포착하고 책임을 다할 수 있는지 여부는 전적으로 여러분의 손에 달려 있습니다."

띄엄띄엄 의자에 앉은 사람들이 박수를 쳤다. 박수 소리가 잦아들자 편집국장 카스파르 오피츠가 DN 브랜드의 빨간 마이크를 손에 들고 그레타에게 다가갔다. "정말 감사합니다. 이제부터 질의응답 시간입니다. 첫 질문은 제 차례입니다."

"〈다켄스 뉘헤테르〉 편집진에게 궁금한 게 있는지, 또 우리가 어떻게 하면 좋을지 구체적으로 말해 줄 수 있나요?"

그레타가 대답했다. "제가 드릴 말씀은 기후 위기를 진짜 위기처럼 여겨야 한다는 겁니다. 그리 어렵지 않아요. 이미 존재하는 과학을 근거로 여러분이 보도하면 되니까요."

그레타는 말을 이었다. "오늘날의 기후는, 어떤 주제와 연관 지어 말하다가 어쩌다 한 번 관심을 가질 법한 곁가지쯤으로 취급되고 있습니다. 하지만 기후는 이보다 훨씬 더 중요한 주제입니다. 왜냐하면 이것이 다른 모든 것, 즉 여러분이 기사로 쓰는 다른 모든 주제에 영향을 미치기 때문이죠. 그리고 만약 그렇다면 여러분의 보도는 당연히 이에 근거하고 있어야 합니다."

코로나 팬데믹과 달리 기후 위기는 우리에게 슬그머니 다가왔다. 그 와중에 정치인들은 행동에 나서지 않았고 산업계는 적극적으로 속이려 들었으며 시민들은 무지했다. 결국 이런 상황 속에서 '기후 문제'는 지구상에 있는 모든 것에 영향을 미치게 되었다. 그렇다면 언제 이런 문제가 생겼을까? 언제부터 기후 위기가 진짜 위기로 변했을까? 대기 중 이산화탄소의 비율이 '안전 수준'인 350피피엠을 넘기고, 제임스 핸슨 교수가 미국 상원에서 기후 변화에 대해 증언했던 1988년? 아니면 그보다 더 일찍, 화석 인프라의 초창기 다른 길을 선택할 수 있었던 그때가 아니었을까? 어쩌면 그보다 훨씬 더 나중이 그때였을 수도 있다. 모든 탄소 배출량의 절반 이상이 지난 30년 동안 배출되었기 때문이다.

마이크를 달라고 손짓한 편집자가 그레타에게 말했다. "여행 중 만난 이들에게 무척 실망했다고 들었습니다. 의사 결정자들로부터 경청할 만한 의견을 전혀 듣지 못했다고 하던데요."

편집자가 말을 이어 가자 그레타는 조심스레 고개를 저으며 불편한 기색을 보였다.

"그래서 지금의 전략이 무엇인지 궁금합니다. 앞으로도 계속 사람들을 만나면서 기존 방식을 굽히지 않을 건가요?"

그레타가 대답했다. "분명히 말하지만 제가 전하고자 하는 의미는 그게 아닙니다. 단지 대중의 지지가 부족한 탓에 변화를 위한 정치적 기회가 없다는 것을 말하고 싶을 뿐입니다. 정치가가 할 일은 유권자의 바람을 충족시키는 것인데 유권자들은 정치가들이 파리협정을 준수하며 행동하길 바라지 않아요. 왜냐하면 우리가 위기 상황에 처해 있다는 사실을 모르고 있기 때문이죠. 그래서 저는 이런 문제로 실망하진 않아요. 어떻게 보면, 1 더하기 1이 2인 것처럼 당연한 이치입니다."

그레타는 갑자기 말을 멈추고 침묵했다.

"하지만…… 죄송하지만 질문이 뭐였죠? 지금, 그리고 미래에 제가 무엇을 하고 싶은지 물으셨나요?"

편집자가 고개를 끄덕였다.

"음, 지금은 집에 가서 밀린 숙제를 해야 해요." 그레타가 싱긋 웃으며 말했다. "하지만 저는…… 대중에게 기후 위기를 널리 이해시키고, 또 알리기 위해 노력할 거예요. 앞으로 나아가기 위해 우리에게 필요한 것은 기후 위기에 관심을 갖고 생각하는 겁니다."

몇 주 전에 그레타의 집에서 진행한 인터뷰에서 나의 마지막 질문은 그레타가 포기했는지 여부를 묻는 것이었다. "아니요." 그레타는 바로 대답했다. 희망이 없지 않다고 말했다. 만약 다른 사회적 기구들이 현실을 있는 그대로 설명하지 않는다면 자신이 어떤 행동을 하건 별 문제가 되지 않는다고 생각하는 듯했다. 기후 위기에 대한 언론과 정치인들의 화법에 변화가 필요했지만 그때까지 이렇다 할 변화는 없었다.

편집국장 카스파르 오피츠가 그레타에게 다가갔다.

"마지막 질문 있나요?" 아무도 대답하지 않았다. 오피츠가 막 행사를 마치려고 할 때 뒤쪽에서 동료 기자의 목소리가 들렸다. 편집국장은 그쪽으로 걸어가 마이크를 건넸다.

"당신은 기후 위기에 대해 무엇이든 보고 배우고 알리려고 하네요. 그러다 보면 스스로 무너지기 쉬운데, 어떻게 이겨내고 있나요?"

불과 몇 년 전만 해도 그레타는 심한 우울증으로 정상적인 생활이 어려웠다.

"왠지 몰라도 저는 매우 불행했어요." 예전 인터뷰에서 그레타가 말했다. "아무것도 할 수 없었죠. 가까스로 문을 열고 나가 슈퍼마켓에 가기만 해도 일기장에서 적어 두며 자랑스러워 할 정도였으니까요."

그런데 부모님과 기후에 관한 대화를 시작하고 그레타의 잔소리로 부모님의 행동이 바뀌자 그것이 전환점이 되었다. 그때부터 그레타는 스스로 행동하기 시작했다.

그레타가 대답했다. "만약 심각한 위기에 처해 있다는 것을 알면서도 행동하는 사람이 아무도 없다면 모든 것이 무의미하게 느껴질 수 있어요. 하지만 무언가를 하려고 노력하는 순간 일종의 사명감이 생기죠." 그레타가 말을 이었다. "스스로 목표를 세우고, '한 개인으로서 내 능력이 닿는 한 무엇이든 할 거야.'라고 말해야 해요. 그런 다음 그 목표를 위해 행동에 나서야죠. 그럼 '적어도 나는 내가 할 수 있는 최선을 다했어.'라고 말할 수 있을 테니까요."

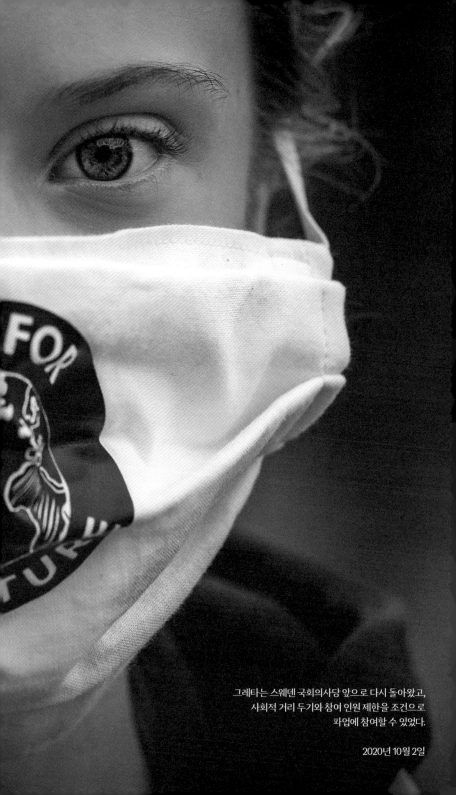

그레타는 스웨덴 국회의사당 앞으로 다시 돌아왔고,
사회적 거리 두기와 참여 인원 제한을 조건으로
파업에 참여할 수 있었다.

2020년 10월 2일

에필로그

진정한 해결책을 손에 넣으려면

책장 맨 아래 선반에 머리를 맞댄 쌍둥이가 누워 있었다. 그 아래 바닥에는 동물인형과 레고 조각들이 흩어져 있고, 인형 하나는 의자 다리에 묶여 있었다. 딸아이가 소리를 질렀다. "출발, 화성으로!"

여느 때처럼 어수선한 11월 목요일 아침이었다. 로저와 함께 그레타를 만나기 위해 대초원에 다녀온 지 1년이 훌쩍 넘었고, 다사다난한 동시에 불황에 시달린 해였다. 팬데믹으로 인한 사망자와의 이별이 유난히 두드러졌던 한 해이기도 했다. 경제적 난관으로 예술계는 원치 않는 침묵을 지켜야 했고, 재택근무를 해야 했다. 홍수, 화재, 폭풍 같은 극단적인 날씨가 기승을 부렸다. 미국 데스밸리에서는 기온이 무려 섭씨 54.4도까지 올라가는 기록적인 폭염이 발생했고, 시베리아에도 폭염이 몰아쳤다. 스웨덴의 경우 역대 가장 따뜻한 해였다.

아들아이는 책장을 잠시 떠나 소파를 두 바퀴 돌더니 쌍둥이 여동생에게 소리쳤다. "잠깐, 난 가방을 싸야 해. 내 구슬과 펙보드(게임에 사용하는 나무못 말판)도!"

그때 내가 끼어들어 아들에게 여동생을 데리고 아침 식탁으로 돌아오라고 말했다. 쌍둥이가 손도 안 댄 죽 그릇이 식탁에서 차갑게

식어 가고 있었다. 유치원 등원 시간에 늦으면 아침 간식을 놓칠 수도 있었다. 아들은 나를 멀뚱멀뚱 쳐다보았다. "지금은 안 돼요, 엄마. 우주왕복선이 곧 착륙할 거예요."

바닥에 있는 아기 바운서에서 쌍둥이의 5개월 된 여동생이 까르르 웃고 있었다. 그 뒤편에서 아침 뉴스가 흘러나오고 있었다. 나는 좀 더 잘 듣기 위해 화면을 향해 몸을 기울였다. 거센 바람에 흔들리는 야자수와 방금 전까지 건물이 있던 자리에 남겨진 돌무더기 잔해가 화면에 나오고 있었다. 누군가 배로 구조되고 있는데, 배가 닿은 곳은 그냥 도로처럼 보였다. 한 여자가 카메라를 정면으로 바라보고 있었다. 예순이 넘어 보이지 않았지만 이가 몇 개 빠진 초췌한 행색이었다. 여자의 붉은색과 청록색 스카프가 바람에 펄럭였다. "20년 동안 이곳 해변에서 살았지만 이토록 강한 허리케인은 겪어 본 적이 없어요. 에바도 사나웠지만 이번 허리케인이 더 강력하네요."

에바는 2주 전에 같은 중앙아메리카로 지역으로 이동해 온 허리케인이었다. 이번 허리케인은 이오타였다. 이오타의 영향을 받는 주변 국가 중 하나인 니카라과에서 이오타의 풍속은 역대 최대를 기록했다. 두 차례의 폭풍으로 수백 명이 목숨을 잃었으며, 수십만 명이 집을 떠나야 했다. 연구에 따르면, 기후 변화와 점점 더 강력해지는 허리케인 사이에는 분명한 연관성이 있는데 뉴스 기사에는 이 사실이 언급되지 않았다. 거의 언급된 적이 없었다.

가을에 이르러 나는 그레타의 책을 마무리 짓는 한편 스웨덴 언론이 기후 위기를 어떻게 설명하고 있는지 전반적으로 알아내고 싶었다. 기후 위기를 언급한 기사와 글들을 헤아려 봤지만 아주 드물었다. 간간이 기사가 나긴 했지만 기후 위기를 출발점으로 삼는 경우는 없었다. 게다가 기후 위기의 심각한 결과를 보도하면서 그 전후관계조차 제대로 전달하지 못했다.

인류가 지구에서 살아가는 방식을 완전히 바꾸지 않는 한 한층 강해진 허리케인과 산불은 앞으로 닥칠 상황을 알려주는 예고편이나 마찬가지였지만 이런 사실을 알려 주는 그 어떠한 언급도 없었다. 화석연료를 태우면 지구는 한층 더 뜨거워지는 지구온난화로 나아가고, 장기적으로 인류의 생존이 불가능해질 수 있지만 이런 사실을 지적하는 사람 또한 아무도 없었다. 정치적 대응도 수박 겉핥기식이어서 목표 달성을 위한 행동은커녕 야망조차 찾아볼 수 없었다.

기자의 관점에서 보자면 도저히 이해할 수 없는 일이었다. '모범국가'인 스웨덴만 하더라도 헤드라인으로 보도할 만한 가치 있는 뉴스가 넘쳐났다. 공식 통계와 과학적 연구를 통해 이를 선별할 준비가 되어 있었지만, 스웨덴 경제에 의한 탄소 배출량을 3분의 1만 발표했다. 파리협정을 준수하려면 화석연료에 의한 탄소 배출을 해마다 12~15퍼센트씩 줄여야 하지만 현재 전혀 감축하지 못하고 있다. 스웨덴 정부의 기후 정책은 탄소 배출 목표의 절반쯤에 머물 것으로 예상된다. 이것은 파리협정의 요구 조건에 한참 미달한다. 그럼에도 용기 있게 나서는 헤드라인은 없었다. 무엇보다 아무도 책임지려 하지 않았다.

책장 너머로 아이들의 우주왕복선이 지구를 떠나자 소음의 수위가 더욱 커졌다. 우주왕복선에는 인형까지 전부 다 탑승해 있었다. 건너편 아파트에서 또 다른 소음이 들렸다. 규칙적으로 벽을 쿵쿵 두드리는 소리였다. 이웃이 화장실을 개조하고 있었다. 지구 전역에서 인간의 활동으로 인한 소음이 울려 퍼지고 있었다. 그 소리는 결코 조용해지지 않았다. 우리가 행한 거의 모든 활동이 우리 주변의 자연에 영향을 미친다. 지구는 반복적으로 경고 신호를 보냈지만 진정한 변화는 일어나지 않을 것처럼 보였다. 나는 TV 소리를 키웠다.

"미국은 팬데믹의 또 다른 암울한 단계를 지나고 있습니다." 뉴스 앵커가 말했다. "존스홉킨스대학에 따르면, 현재 코로나19 확진자 중 사망자만 25만 명 이상이라고 합니다."

수십 년 동안 다양한 분야의 연구자들이 생태 위기와 기후 위기가 극적인 결과를 가져올 것이라고 경고해 왔다. 폭풍, 화재, 홍수, 가뭄 등을 제외하고도 지금 우리는 코로나 바이러스로 인한 사망자를 수백만 명 단위로 셀 수 있게 되었다. 이것은 서막에 불과했다. 자연과 관련된 인간의 활동이 팬데믹의 원인임을 잘 알고 있음에도 불구하고 정상적인 생활을 회복하기 위한 모든 계획의 초점은 금융 부양책에 맞춰져 있다. 우리는 여기저기 살짝 토닥거리고 페인트로 덧칠을 하고 있다. 그러는 동안 밑바닥은 부패해 가는 줄도 모르고.

쌍둥이들은 화성으로 음식을 배달해 달라고 소리쳤다. 나는 아기를 흔들어 달래면서 방송의 마지막 부분을 시청했다.

"도널드 트럼프 대통령 휘하의 직원들이 차기 대통령 조 바이든의 팀을 지원하기로 했습니다. 그 이유는 선거에서의 패배를 공식적으로 인정하지 않으려는 트럼프 대통령의 모습에 일부 참모들이 크게 실망했기 때문입니다."

기후 위기가 아닌 다른 이야기를 해주기를 원하는 세력은 여전히 강력했다. 도널드 트럼프가 백악관을 떠났다고 해서 '탈 진실 사회'가 사라지는 않을 것이다. 과학과 진리가 한편이라면 거짓은 다른 한

편이다. 그 둘 사이의 투쟁은 지금도 계속되고 있다.

품 안에서 곤히 잠든 딸아이의 작고 부드러운 곱슬머리가 뺨에 살짝 닿았다. 잠든 아기는 미소 띤 얼굴로 색색거리고 있었다. 무엇이 이 아이와 그다음 세대를 기다리고 있을까?

2019년 12월 그레타와 함께 리스본 주변을 산책하던 중 나는 그레타의 희망에 대해 물었다. 그레타는 두 번째 대서양 횡단을 마치고 막 해안에 도착한 상태였다. 그래서인지 포르투갈의 자갈을 딛고 서 있는 다리가 다소 떨리는 듯했다. "무슨 상황이 벌어지고 있는지 사람들이 아직 모르고 있다는 사실에서 희망을 찾을 수 있어요." 그레타가 말했다.

그 이후 나는 많은 생각을 했다. 진정한 해결책을 손에 넣으려면 위기를 먼저 인식하고 대화해야 한다. 하지만 충분한 수의 사람들이 자발적으로 물어볼 때까지 그 질문에 답하는 것은 불가능하다. 그렇다면 이 짧은 시간에 어떻게 그 많은 것들을 변화시킬 수 있을까?

그레타의
연설문

진정한 권력은 대중에게 있습니다

유엔기후변화협약 당사국총회
2019년 9월 23일 폴란드 카토비체

제 이름은 그레타 툰베리입니다. 열다섯 살이고 스웨덴에서 왔습니다. 클라이밋 저스티스 나우를 대신해 연설하려고 합니다.

많은 사람들이 스웨덴은 작은 나라일 뿐이고, 우리가 무엇을 하든 상관없다고 말합니다. 하지만 저는 단 한 사람이라도 충분히 변화를 일으킬 수 있다고 배웠습니다. 단지 몇몇 아이가 학교에 가지 않는 것만으로 전 세계의 헤드라인을 장식할 수 있다면, 우리가 간절히 원한다면 무엇을 함께할 수 있을지 상상해 보세요.

하지만 그러기 위해서 우리는 분명히 말해야 합니다. 그것이 아무리 불편한 사실이라고 해도 말이죠. 혹시라도 인기가 떨어질까 봐 두려워하는 여러분은 끝없이 녹색 경제 성장에 대해 말할 뿐입니다. 우리를 이런 난처한 상황에 빠지게 만드는 잘못된 생각을 가진 여러분은 오직 앞으로 나아가는 것만 말할 뿐입니다. 유일하게 비상 브레이크를 밟는 것 말고는 선택의 여지가 없을 때에도 그렇게 하고 있습니다.

여러분은 그것을 있는 그대로 말할 만큼 사려 깊지도 않습니다. 심지어 그 짐을 여러분의 자녀에게 떠넘기려 하죠. 저는 인기 따위에는 관심이 없습니다. 기후 정의와 살아 있는 지구에 관심 있을 뿐입니다.

우리는 극히 소수의 사람들이 막대한 돈을 계속 벌어들이는 기회를 제공하기 위해 우리의 문명을 희생하려고 합니다. 스웨덴 같은 나라의 부유한 사람들이 사치스럽게 살아갈 수 있도록 생물권을 희생하려고 합니다. 하지만 이것은 소수의 사치를 위해 다수의 고통으로 그 대가를 치르는 겁니다.

2078년이 되면 저는 일흔다섯 번째 생일을 맞이합니다. 제게 아이들이 있다면 아마도 그날은 아이들과 함께 보내겠지요. 어쩌면 그 아이들이 여러분에 대해 물어볼지도 모릅니다. 아직 행동할 시간이 있었는데 왜 아무것도 하지 않았냐고 말입니다. 여러분은 아이들을 세상 누구보다 사랑한다고 말하지만 그 아이들의 미래를 훔치고 있는 것은 여러분입니다.

여러분은 정치적으로 가능한 일보다 해야 할 일에 집중해야 합니다. 그렇게 하기 전까지 우리에게 희망은 없습니다. 위기를 위기로 받아들이지 않는 한 그 위기를 해결할 수 없습니다. 화석연료는 계속 땅 속에 묻어두고, 형평성에 초점을 맞추어야 합니다. 만약 시스템에서 해결책을 찾는 것이 불가능하다면 시스템 자체를 바꾸어야 하지 않을까요?

우리는 전 세계 지도자에게 구걸하기 위해 이곳에 온 게 아닙니다. 여러분은 과거에도 우리를 무시해 왔고, 앞으로도 그러겠지만, 여러분에겐 변명거리가 부족하고, 우리에겐 시간이 부족합니다. 여러분이 좋든 싫든 우리가 이곳에 온 이유는 기후 변화가 시작되고 있음을 알리기 위해서입니다.

진정한 권력은 대중에게 있습니다.

우리 집이 불타고 있습니다

세계경제포럼
2019년 1월 25일 스위스, 다보스

우리 집이 불타고 있습니다.

제가 이곳에 온 이유는 우리 집이 불타고 있다고 말하기 위해서입니다. IPCC에 따르면, 우리의 실수를 되돌릴 수 있는 시간은 12년도 채 남지 않았습니다. 그 기간 동안 이산화탄소 배출량을 최소한 50퍼센트 줄이는 것은 물론 사회 모든 분야에서 전례 없는 변화가 이루어져야 합니다. 그리고 이 수치에는 파리협정을 전 세계적으로 이행하는 데 절대적으로 필요한 형평성이 포함되지 않았다는 점도 주목해 주셨으면 합니다. 북극의 영구동토층에서 배출되고 있는 매우 강력한 온실가스, 즉 메탄 같은 티핑포인트나 피드백루프는 포함되지 않았기 때문입니다.

다보스 같은 곳에서 사람들은 성공담을 이야기하고 싶어 하지만 경제적 성공에는 생각지도 못한 가격표가 따라옵니다. 우리는 기후 변화 대응에 실패했다는 것을 인정해야 합니다. 현재까지의 모든 정치적 기후 운동은 그렇게 실패했습니다. 미디어 역시 기후 변화에 대한 대중의 인식을 넓히는 데 실패했습니다. 그러나 호모사피엔스는 아직 실패하지 않았습니다. 맞습니다, 우리에게는 모든 것을 되돌릴 수 있는 시간이 있습니다. 우리는 여전히 이 문제를 해결할 수 있습니다. 가능한 모든 수단을 우리 손에 쥐고 있습니다. 하지만 지금까지의 전반적인 실패를 인정하지 않는 한 시스템의 문제를 해결할 가능성은 거의 희박합니다.

우리는 엄청난 재앙에 직면해 있습니다. 그것은 수많은 사람에게 말로 표현할 수 없는 고통을 안겨 주는 재앙입니다. 지금은 점잖게 부탁하거나 말할 수 있는 것과 말할 수 없는 것을 구분할 때가 아닙니다. 지금은 분명하게 말할 때입니다. 기후 위기 해결은 호모사피엔스가 지금까지 마주한 것들 가운데 가장 크고 복잡한 과제이나 그 해결책은 아주 간단합니다. 심지어 어린아이도 이해할 정도입니다.

우리는 온실가스 배출을 막아야 합니다. 행동하거나 행동하지 않거나 선택은 둘 중 하나입니다. 우리 인생에서 흑백 양자택일은 존재하지 않는다고 하지만 거짓말입니다. 그것도 아주 위험하기 짝이 없는 거짓말입니다. 우리는 둘 중 하나를 선택해야 합니다. 1.5도의 온난화를 막을 것인가, 막지 않을 것인가. 인간의 통제를 넘어서는 불가역적인 연쇄반응을 피할 것인가, 피하지 않을 것인가. 우리의 문명을 유지할 것인가, 유지하지 않을 것인가. 이것은 흑백 양자택일과 같습니다. 생존에 관한 한 중간은 존재하지 않습니다. 지금 우리 모두에게는 선택권이 있습니다. 미래 세대의 생활환경을 지켜 줄 커다란 변화를 만들어 낼 수 있습니다. 아니면 지금처럼 자기 일만 하며 지내다가 실패할 수도 있습니다. 이중에서 어떤 것을 선택할지는 여러분과 저의 몫입니다.

어떤 사람들은 우리가 적극적으로 행동에 나서지 말아야 한다고 말합니다. 정치인에게 모든 것을 맡기고, 변화를 위한 투표만 하면 된다고 말입니다. 하지만 정치인들에게 그럴 의지가 없다면 우린 어떻게 해야 할까요? 변화를 위해 필요한 정치인이 어디에도 없다면 우린 어떻게 해야 할까요?

이곳 다보스도 다른 곳들과 다르지 않습니다. 모두 돈에 관한 이야기뿐입니다. 돈과 성장만이 유일한 관심사인 듯합니다. 지금껏 기후 위기를 진짜 위기로 다루었던 적이 단 한 번도 없었기에 사람들은 그 위기가 일상생활에 얼마나 영향을 미치는지 인식하지 못하고 있습니다. 사람들은 탄소 예산에 대해 잘 모를 뿐만 아니라 탄소 예산이 얼마나 남았는지도 모릅니다. 그러나 오늘부터 바뀌어야 합니다. 빠르게 소진되고 있는 탄소 예산을 널리 알리고 대중을 이해시키는 것보다 더 중요한 과제는 없습니다. 탄소 예산은 새로운 글로벌 통화이자 현재와 미래 경제의 핵심이 되어야 합니다.

지금은 우리 문명과 생물권 전체를 위협하는 기후 위기에 대한 통찰력을 가진 모든 사람들이 목소리를 높여야 하는 역사적 시점입니다. 우리는 분명히 말해야 합니다. 아무리 불편하고 돈이 되지 않을지라도 현재 사회를 완전히 변화시켜야 합니다. 여러분의 탄소 발자국이 클수록 여러분의 도덕적 의무 또한 커집니다. 여러분의 플랫폼이 커질수록 여러분의 책임감 또한 커집니다. 어른들은 계속 이런 말을 합니다.

젊은이들이 있으니까 그들에게 희망을 줄 수 있다.

하지만 저는 여러분의 희망을 원하지 않습니다. 저는 여러분이 희망을 품는 것을 원하지 않습니다. 저는 여러분이 두려워하길 원합니다. 제가 매일 느끼는 두려움을 여러분도 느끼길 원합니다. 마치 집에 불이 난 것처럼 행동하길 원합니다. 왜냐하면 바로 지금 불이 났기 때문입니다.

여러분은 불가능한 일을 해야 합니다

미국 의회
2019년 9월 18일

제 이름은 그레타 툰베리입니다. 열여섯 살이고 스웨덴에서 왔습니다. 이곳 미국에서 저와 함께해 주셔서 감사합니다.

많은 사람들에게 미국은 꿈의 나라입니다. 저에게도 꿈이 있습니다. 정부, 정당, 기업들이 각자의 입장 차이에도 불구하고 기후와 생태 위기처럼 절박한 문제들을 해결하기 위해 비상시처럼 의기투합하는 것입니다. 그리고 지구상의 모든 인간과 그들의 존엄한 삶을 보장하기 위해 필요한 조치들을 취하는 것입니다. 그렇게 되면 학교 파업에 동참하고 있는 수백만 명의 학생들이 다시 학교로 돌아갈 수 있습니다. 이렇게 언론뿐 아니라 권력자들이 이 위기를 실제 비상사태로 다루어 주었으면 하는 것이 저의 꿈입니다. 그럼 저도 여동생과 개들이 기다리고 있는 집으로 돌아갈 수 있을 테니까요. 그들이 몹시 보고 싶습니다. 사실은 그것 말고도 더 많은 꿈이 있지만 올해는 2019년입니다. 꿈을 꾸기에는 시간도 장소도 적당하지 않아요. 지금은 깨어날 시간입니다. 우리가 완전히 깨어 있어야 할 역사적인 순간입니다.

맞습니다. 우리에게는 꿈이 필요하고, 꿈 없이는 살아갈 수 없습니다. 그렇지만 모든 일에는 때와 장소가 필요하죠. 그리고 그 꿈이,

있는 그대로의 현실을 말하는 데 걸림돌이 되어서는 안 됩니다. 저는 어디에 가든 동화 속 세상에 둘러싸인 느낌을 받습니다. 기업가와 정치인이 뽑은 관리들은 우리의 마음을 달래거나 잠자리 동화 같은 이야기를 들려주며 시간을 보냅니다. 모든 것을 다 고치겠다고 말하는 기분 좋은 이야기입니다. 그들은 모든 것을 잘 '해결하고' 있고 만사형통이라고 하겠지만, 우리가 직면한 문제는 꿈을 꾸거나 더 나은 세상을 상상하는 능력이 부족해서 생긴 게 아닙니다. 문제는 우리가 깨어나야 한다는 것입니다. 지금은 현실과 사실, 과학을 직시할 때입니다. 과학이 우리에게 말해 주는 것은 '모두가 항상 원하는 사회를 만들 수 있는 좋은 기회'가 아니라, 지금 당장 행동하지 않으면 늦어지고 그럴수록 점점 악화되는 '암묵적인 인간의 고통'입니다. 지속 가능하게 변화한 세상에는 많은 이점이 있겠지만 여러분은 이 점을 아셔야 합니다. 그것이 새로운 녹색 일자리나 새로운 사업 또는 녹색 경제 성장을 창출할 수 있는 기회가 아니라는 것을요. 기후 위기는 단순히 어떤 하나의 비상사태가 아니라 가장 긴급한 비상사태입니다. 지금껏 인류가 직면한 위기 가운데 가장 심각한 위기입니다.

우리는 이 위기를 그렇게 받아들여야 합니다. 그래야 이 문제가 얼마나 시급한지 사람들이 이해할 수 있어요. 위기를 위기로 받아들이지 않으면 그 위기를 해결할 수 없기 때문이죠. 지금 보이는 것처럼 실제 상황이 아주 '양호'하지 않음에도 불구하고 모든 것이 괜찮아질 거라고 사람들에게 말하지 마세요. 여러분이 포장해서 팔 수 있는 물건이나 소셜 미디어의 '좋아요' 표시 같은 게 아닙니다.

여러분, 여러분의 사업 아이디어, 여러분의 정당 또는 여러분의 계획이 모든 것을 해결할 수 있다고 하지 마세요. 아직은 모든 위기를 해결할 수 있는 이렇다 할 방법이 없다는 사실을 깨달아야 하니까요. 어림도 없는 소리입니다. 먼저 특정 활동부터 멈춰야 합니다. 재난을 초래하는 유해한 에너지원을 조금 덜 유해한 것으로 바꾸는 것은 발전이 아닙니다. 우리의 탄소 배출량을 해외로 수출한다고 그 배출량은 줄어들 수 없습니다. 교묘하게 장부를 조작해 봤자 우리에게 전혀 도움이 되지 않을 테니까요. 바로 이것이 문제의 핵심입니다.

2018년 1월 1일 이후로 이산화탄소 배출량을 절반으로 줄일 수 있는 시간이 12년밖에 남지 않았다는 소식을 들은 분들도 있겠지만 산업화 이전보다 1.5도 높은 수준으로 지구 온도 상승률을 유지할 수 있는 확률이 50퍼센트라는 소식을 들은 분들은 거의 없을 겁니다. 고작 50퍼센트입니다. 게다가 현재 이용 가능한 과학적 계산식에는 아예 포함되지도 않은 수치들이 있습니다. 급속히 녹아내리는 북극 영구동토층에서 빠져나온 강력한 온실가스인 메탄의 비선형 티핑포인트, 예측 불가능한 피드백루프, 독성 공기 오염에 숨겨진 온난화, 형평성과 기후 정의 등이 그것입니다.

따라서 통계적으로 동전 던지기와 다름없는 50퍼센트 확률만으로는 절대 충분하지 않습니다. 도덕적으로 옹호하기에도 불가능한 확률입니다. 만약 추락할 확률이 50퍼센트인 비행기가 있다면 그 사실을 알고 있는 여러분 중 어느 누가 타려고 할까요? 더 중요한 것을 말해 볼까요. 여러분이라면 자신의 아이들을 그 비행기에 태우시겠어요?

지구 온도 상승률을 1.5도 이하로 유지하는 것이 왜 이토록 중요한 문제일까요? 그 이유는 기후가 불안정해지는 것을 막기 위한 과학적 요구 사항인 동시에 인간의 통제를 넘어서는 불가역적 연쇄반응을 피하는 최선책이기 때문입니다. 우리는 이미 1도 상승한 지구온 난화로 인해 받아들이기 힘들 정도의 손실을 목격하고 있습니다. 그 렇다면 우리는 어디서부터 시작해야 할까요?

자, 작년에 나온 〈IPCC 보고서 SR15〉의 제2장 108쪽을 살펴보 는 것부터 시작하죠. 보고서에는 지구 온도의 상승을 1.5도 이내로 유지할 확률을 67퍼센트로 계산할 경우, 2018년 1월 1일 기준 탄소 예산으로 남겨진 이산화탄소 배출량이 약 420기가톤^{Gigaton}(10억 톤)으 로 나와 있습니다. 물론 이 수치는 훨씬 더 낮아졌습니다. 토지 사용 을 포함할 경우 매해 약 42기가톤의 이산화탄소를 배출하고 있기 때 문입니다. 현재의 탄소 배출 수준을 감안하면, 남아 있는 탄소 예산 은 8.5년 안에 전부 사라지게 됩니다. 이 수치는 제 의견이 아닙니다. 어느 누군가의 의견도 아니고 정치적인 의견도 아닙니다. 현재 우리 가 이용할 수 있는 최고의 과학이 내놓은 수치입니다. 비록 많은 과 학자들이 이조차 지나치게 절제되어 있다고 하지만 IPCC를 통해 모 든 나라들이 받아들인 수치입니다. 그리고 이 수치는 전 세계에 걸쳐 적용되는 것이므로 파리협정 전반에 명시된 형평성 측면을 전혀 고 려하지 않았다는 점을 유념해야 합니다. 이 수치가 전 세계적으로 작 동하려면 절대적으로 필요한 것이 있습니다. 그것은 부유한 나라들 이 탄소 배출량을 줄여 훨씬 더 빨리 탄소 중립에 도달하는 것입니 다. 그래야 가난한 나라에서도 우리가 이용하는 도로, 병원, 학교, 깨 끗한 식수, 전기 등의 인프라를 구축하고 생활수준을 높일 수 있기 때문입니다.

미국은 역사상 가장 많은 탄소를 배출한 나라입니다. 세계 1위 산유국이기도 합니다. 그럼에도 불구하고 파리협정에서 탈퇴하겠다는 강한 의지를 보인 지구상의 유일한 나라이기도 합니다. "파리협정은 미국에 나쁜 거래였다."는 것이 그 이유입니다.

2018년 1월 1일을 기준으로 탄소 예산으로 남겨진 이산화탄소를 420기가톤으로 계산하면 지구 온도 상승률을 1.5도 아래로 유지할 확률은 67퍼센트입니다. 지금은 이 수치가 360기가톤 아래로 낮아졌습니다. 매우 불편한 수치들이지만 모든 사람은 알 권리가 있습니다. 그런데 대다수는 이런 수치가 존재하는지조차 모르고 있습니다. 실제로 제가 만난 기자들도 모르는 듯했습니다. 정치가는 두말할 필요도 없습니다. 그럼에도 불구하고 그들은 자신들의 정치적 계획으로 이 모든 위기를 해결할 수 있다고 확신하는 듯했습니다. 하지만 우리 자신도 충분히 이해하지 못하는 문제를 어떻게 해결할 수 있을까요? 눈에 보이는 모든 상황과 현재 우리가 이용할 수 있는 최고의 과학을 어떻게 배제할 수 있을까요? 그러기에는 너무 큰 위험 부담이 따릅니다. 이 위기의 배경이 아무리 정치적이라고 해도 우리는 이것이 계속 당파적 정치 문제로 이어지게 내버려두어서는 안 됩니다. 기후와 생태학적 위기는 정당정치를 넘어서는 문제입니다. 현재 우리의 주적은 정치적인 적수가 아닙니다. 또한 우리는 물리학과 '거래'를 할 수 없습니다. 모든 사람들은 생물권의 보존을 위해, 또 현재와 미래 세대의 생활 조건을 확보하기 위해 희생하는 것이 불가능하다고 말합니다.

과거에 미국인들은 엄청난 역경을 극복하기 위해 크나큰 희생을 치렀습니다. 디데이(제2차 세계대전 당시 미국과 영국의 연합군이 프랑스 북부를 공격하기 위해 노르망디에 상륙을 시작한 1944년 6월 6일)에 오마하 해변으로 가장 먼저 돌진한 용감한 군인들을 떠올려 보세요. 온갖 위험을 무릅쓰고 셀마에서 몽고메리까지 행진한 마틴 루터 킹을 비롯한 600명의 시민운동 지도자들을 떠올려 보세요. 1962년 "미국은 10년 안에 달에 가기로 결정했고, 다른 일도 할 것입니다. 우리가 이런 결정을 내린 것은 그것이 쉬워서가 아니라 어렵기 때문입니다."라고 선언한 존 F. 케네디 대통령을 떠올려 보세요. 어쩌면 기후 위기 해결은 불가능할지도 모릅니다. 이 수치를 보면, 모든 나라가 인정하는 최고의 과학에 따르면 이것이야말로 우리가 당면한 위기라고 생각합니다. 여러분은 꿈만 꾸면서 모든 시간을 허비하거나, 이것을 승리를 위한 정치적 투쟁으로 바라봐서는 안 됩니다. 도박이나 다름없는 동전 던지기 확률에 여러분 자녀의 미래를 걸어서도 안 됩니다. 과학을 믿고 모두 힘을 합쳐야 합니다. 여러분이 조치를 취해야 합니다. 여러분은 불가능한 일을 해야 합니다. 포기하는 것은 결코 선택 사항이 될 수 없기 때문입니다.

참고 자료

책을 펴내며

- 만약 온실가스 배출이 현재와 동일한 수준을 유지한다면 2040년 직전에 전 세계가 2도 더 뜨거워진다는 정보는 다음 사이트에서 찾을 수 있다.
  https://www.dn.se/klimatet-just-nu/#temperatur

결정

- 〈스벤스카 다그블라뎃Svenska Dagbladet〉에 실린 그레타에 관한 사설은 다음 사이트에서 찾을 수 있다.
  https://www.svd.se/vi-vet--och-vi-kan-gora-nagot-nu
- 이 장에서 언급된 책은 솔베이그 올손-훌트 그렌Solveig Olsson-Hultgren 의 《비단, 벨벳, 천, 헝겊 Siden, Sammet, Trasa, Lump》과 아니카 토르Annika Thor의 《머나먼 섬A Faraway Island》이다.
- 마틴 헤드버그가 인용한 정보의 출처는 다음 사이트들이다.
  https://science.sciencemag.org/content/362/6421/1339.summary
  https://climate.nasa.gov/climate_resources/7/graphic-carbon-dioxide-hits-new-high/
  https://phys.org/news/2019-04-dire-future-etched-co2-million.html

우리에게 시간이 얼마나 남아 있을까

- 이산화탄소 농도가 과거 260만년 동안보다 높다는 정보는 IPCC의 〈제5차 평가보고서(AR5)〉 섹션5.2.2.2에서 확인할 수 있다.
- 2020년 지구 평균기온이 산업화 이전 시기보다 1.25도 더 높다는 정보는 다음 사이트에서 확인할 수 있다.
  https://climate.copernicus.eu/2020-warmest-year-record-europe-globally-2020-ties-2016-warmest-year-recorded
- 아직 대규모로 존재하지 않는 탄소 포획에 관한 정보는 IPCC의 〈1.5도의 지구온난화에 관한 특별보고서 Special Report on Global Warming of 1.5C°〉(2018년 10월) 2장 158쪽에서 확인할 수 있다.
- 대기 중에 저장된 이산화탄소가 얼마나 오랫동안 유지되는지에 대한 정보는 IPCC AR5, 워킹그룹(WG1), 6장, 박스6.1에서 확인할 수 있다.
  https://www.ipcc.ch/site/assets/uploads/2018/02/WG1AR5_Chapter06_FINAL.pdf
- 탄소 배출과 관련하여 가장 책임이 큰 나라들에 대한 정보는 다음 사이트에서 확인할 수 있다.
  https://www.youtube.com/watch?v=jx85qK1ztAc
- 전 세계에서 가장 부유한 1퍼센트가 가장 가난한 50퍼센트 보다 두 배로 많은 탄소를 배출한다는 정보는 다음 사이트에서 확인할 수 있다.
  https://www.sei.org/wp-content/uploads/2020/09/research-report-carbon-

inequality-era.pdf
- 웁살라대학과 틴달 기후변화센터의 보고서는 여기서 확인할 수 있다.
  https://www.tandfonline.com/doi/full/10.1080/14693062.2020.1728209
- 열복사를 반사하는 대기오염에 관한 정보는 여기서 확인할 수 있다.
  https://www.scientificamerican.com/article/cleaning-up-air-pollution-may-strengthen-global-warming/
  https://lup.lub.lu.se/luur/download?func=downloadFile&recordOId=1858596&fileO Id=1858603

어떻게 여기까지 오게 된 것일까

- 19세기 초에 과학자들이 대기 중 수증기와 이산화탄소가 기온 상승과 관련이 있다는 사실을 발견했다는 정보는 다음 사이트에서 확인할 수 있다.
  https://www.smhi.se/polopoly_fs/1.166772!/Meteorologi_119%20 V%C3%A4xthuseffekten.pdf
- 산업계에서 탄소 배출이 미치는 영향에 대해 알고 있었다는 정보는 다음 사이트에서 확인할 수 있다.
  https://www.theguardian.com/environment/climate-consensus-97-per-cent/2018/ jan/01/on-its-hundredth-birthday-in-1959-edward-teller-warned-the-oil-industry-about-global-warming
  https://www.smokeandfumes.org/documents/7
- 린든(Lyndon B.)의 과학자문위원회에 대한 정보는 다음 사이트에서 확인할 수 있다.
  http://www.climatefiles.com/climate-change-evidence/presidents-report-atmospher-carbon-dioxide/
  https://www.theguardian.com/environment/climate-consensus-97-per-cent/2015/ nov/05/scientists-warned-the-president-about-global-warming-50-years-ago-today
- 1988년에 대기 중 탄소 농도가 350피피엠을 넘어섰다는 정보는 다음 사이트에서 확인할 수 있다.
  https://data.giss.nasa.gov/modelforce/ghgases/Fig1A.ext.txt
- 마가렛 대처의 연설문 사본은 다음 사이트에서 찾아볼 수 있다.
  https://www.margaretthatcher.org/document/107817
- 세계 각국 정부가 지구 온도 상승률 목표 허용치인 1.5도를 120퍼센트 상회하는 화석연료 생산을 계획하고 있다는 정보는 다음 사이트에서 확인할 수 있다.
  https://wedocs.unep.org/bitstream/handle/20.500.11822/30822/ PGR19.pdf?sequence=1&isAllowed=y
- 화석연료 산업이 전 세계에서 가장 영향력 있는 산업 중 하나라는 것은 포춘 500 리스트(미국 경제잡지 포춘지에 매년 선정하는 매출 규모 상위 500대 기업 리스트)에서 확인할 수 있다.
  https://fortune.com/global500/2019/
- 화석연료 산업이 빈번히 자행하고 있는 속임수에 대한 설명은 다음 출처를 기반으로 하고 있다.
  https://www.climatechangecommunication.org/wp-content/uploads/2019/10/ America_Misled.pdf
  https://www.desmogblog.com/global-climate-coalition

https://insideclimatenews.org/news/15092015/Exxons-own-research-confirmed-fossil-fuels-role-in-global-warming

- 기후 위기를 부정하는 단체들의 자금 조달에 대한 정보가 포함된 연구는 다음 사이트에서 확인할 수 있다.
https://link.springer.com/article/10.1007/s10584-013-1018-7

- 저널리즘의 중심 원리에 대한 정보는 2007년에 출간된 빌 코바치와 톰 로젠스틸Kovach & Rosenstiel의 《저널리즘의 기본원칙 Elements of Jouralism》(제3판, New York:Three Rivers Prss)에서 찾아볼 수 있다.

- 다양한 국가들이 기후 변화를 대하는 태도에 관한 정보는 로이터연구소 〈디지털 뉴스 리포트 2020〉에서 확인할 수 있다.
https://reutersinstitute.politics.ox.ac.uk/sites/default/files/2020-06/DNR_2020_FINAL.pdf

- 역사적으로 스웨덴 민주당 지지자들의 비율을 온라인 패널로 평가하기 힘들다는 정보는 다음 사이트에서 확인할 수 있다.
https://www.svd.se/sd-siffror-gav-falsk-bild-behovs-en-forklaring

- 스웨덴 민주당 유권자들이 중도 유권자보다 기후 위기에 더 회의적이라는 정보는 다음 사이트에서 확인할 수 있다.
https://www.svt.se/nyheter/inrikes/majoritet-tycker-att-politikerna-inte-tar-klimathotet-pa-allvar

- 교토의정서가 널리 상징화된 것에 대한 정보는 다음 사이트에서 확인할 수 있다.
https://www.washingtonpost.com/wp-dyn/articles/A27318-2005Feb15.html

- 제임스 블랙과 엑손에 관한 정보는 다음 사이트에서 확인할 수 있다.
https://insideclimatenews.org/news/15092015/Exxons-own-research-confirmed-fossil-fuels-role-in-global-warming

- 로비스트들이 교토의정서에 반발한 것에 관한 정보는 다음 사이트에서 확인할 수 있다.
http://www.climatefiles.com/trade-group/american-petroleum-institute/1998-global-climate-science-communications-team-action-plan/
https://www.nytimes.com/1998/04/26/us/industrial-group-plans-to-battle-climate-treaty.html

어떻게 감히 그럴 수 있나요
- 앙겔라 메르켈이 총회 의장을 맡이 진행했던 COP1 회의록
https://unfccc.int/resource/docs/cop1/07.pdf

- 9월 주중에 파업 참여자들의 숫자에 대한 정보는 다음 사이트에서 확인할 수 있다.
https://globalclimatestrike.net/7-million-people-demand-action-after-week-of-climate-strikes/

대초원에서
- G20 국가의 정부들이 화석연료 보조금으로 매년 6000억 달러 이상을 지원하고 있다는 정보는 다음 사이트에서 확인할 수 있다.
https://www.iisd.org/system/files/2020-11/g20-scorecard-report.pdf

- 스웨덴 정부가 매년 화석연료에 대해 약 14억 달러의 세금 감면을 해주고 있다는 정보는 다음 사이트에서 확인할 수 있다.
  https://www.naturskyddsforeningen.se/klimatskadliga-subventioner

반대하는 세력
- 앨버타주가 세계 5위의 석유 생산지가 될 거라는 정보는 다음 사이트에서 확인할 수 있다.
  https://www.nationalgeographic.com/environment/2019/04/alberta-canadas-tar-sands-is-growing-but-indigenous-people-fight-back/
- 앨버타주에서의 석유 채취가 세계에서 네 번째로 높은 비율의 이산화탄소 집약도를 가지고 있다는 정보는 다음 사이트에서 확인할 수 있다.
  https://www.macleans.ca/economy/scrubbing-the-oil-sands-record/
  https://science.sciencemag.org/content/361/6405/851.summary
- 앨버타주의 오일샌드 생산 과정과 그 범위에 관한 정보는 다음 사이트에서 확인할 수 있다.
  https://www.suncor.com/en-ca/about-us/history/the-oil-sands-story and here:
  https://www.alberta.ca/oil-sands-facts-and-statistics.aspx
- 석유 노동자의 임금에 대한 정보는 다음 사이트에서 확인할 수 있다.
  https://alis.alberta.ca/occinfo/wages-and-salaries-in-alberta/oil-and-gas-well-drilling-and-related-workers-and-services-operators/8412/
- 그리스보다 넓은 지역에서 진행되는 앨버타주의 석유 채취에 관한 정보는 다음 출처에 기반을 두고 있다.
  https://www.alberta.ca/oil-sands-facts-and-statistics.aspx and https://www.nationsencyclopedia.com/Europe/Greece-LOCATION-SIZE-AND-EXTENT.html#ixzz6OrIaWw9H

계획 변경
- 산불에 관한 정보는 다음 사이트에서 확인할 수 있다.
  https://www.fire.ca.gov/media/4jandlhh/top20_acres.pdf
  https://www.newscientist.com/article/2221296-california-fires-see-200000-evacuated-while-3-million-may-lose-power/
  https://www.aftonbladet.se/nyheter/a/Xw065n/darfor-brinner-det-sa-ofta-i-kalifornien
  https://www.businessinsider.com/california-wildfire-crisis-getting-worse-climate-change-2019-10?r=US&IR=T
  https://www.expressen.se/nyheter/klimat/branderna-i-kalifornien-ar-det-en-klimateffekt/
  http://climateandlife.columbia.edu/2016/10/10/climate-change-has-doubled-western-u-s-forest-fire-area/

우리는 어디로 가고 있는가
- 1도의 온난화가 지구에 미치는 영향에 관한 정보는 다음 사이트에서 확인할 수 있다.
  https://www.worldweatherattribution.org/
- 기후 변화로 농산물 수확이 감소하고 있다는 정보는 다음 사이트에서 확인할 수 있다.

https://www.bloomberg.com/news/articles/2021-04-01/a-fifth-of-food-output-growth-has-been-lost-to-climate-change
https://www.wfp.org/stories/what-is-famine
· 지구의 '티핑포인트'에 관한 정보는 다음 사이트에서 확인할 수 있다.
https://www.nature.com/articles/d41586-019-03595-0#correction-0
· 2008년의 원본 보고서는 다음 사이트에서 찾을 수 있다.
https://www.pnas.org/content/105/6/1786
· 사라지는 황무지에 관한 정보는 다음 사이트에서 확인할 수 있다.
https://www.nature.com/articles/d41586-018-07183-6
· WWW의 〈살아 있는 행성 보고서〉는 다음 사이트에서 찾을 수 있다.
https://livingplanet.panda.org/en-gb/
· 아마존과 아마존의 티핑포인트에 관한 정보는 다음 사이트에서 확인할 수 있다.
https://www.theguardian.com/environment/2020/oct/05/amazon-near-tipping-point-of-switching-from-rainforest-to-savannah-study
· 스웨덴 북부의 영구동토층에 대한 정보는 다음 사이트에서 확인할 수 있다.
https://gmv.gu.se/Aktuellt/nyheter/Nyheter+Detalj//-palsmyrar-i-norra-sverige-forsvinner-i-allt-snabbare-takt.cid1688429

· 메탄의 강력한 온실 효과에 대한 정보는 다음 사이트에서 확인할 수 있다.
https://www.nationalgeographic.com/environment/global-warming/methane/
· 현재 대기에 저장된 이산화탄소보다 두 배로 많은 이산화탄소를 함유하고 있는 영구동토층 지역에 관한 정보는 다음 사이트에서 찾을 수 있다.
https://www.nature.com/articles/d41586-019-01313-4#ref-CR1
· 서남극이 티핑포인트를 넘어섰을 수 있다는 정보는 다음 사이트에서 확인할 수 있다.
https://www.nature.com/articles/d41586-019-03595-0
https://www.theguardian.com/environment/2019/nov/27/climate-emergency-world-may-have-crossed-tipping-points
https://www.theguardian.com/environment/2014/may/12/western-antarctic-ice-sheet-collapse-has-already-begun-scientists-warn
· 그린란드가 티핑포인트를 넘어섰을 수 있다는 정보는 다음 사이트에서 확인할 수 있다.
https://news.osu.edu/warming-greenland-ice-sheet-passes-point-of-no-return/
and https://www.nature.com/articles/s43247-020-0001-2
· 북극 해빙이 티핑포인트를 넘어섰을 수 있다는 정보는 다음 사이트에서 확인할 수 있다.
https://www.dn.se/klimatet-just-nu/#istacket
· 2019년 기후 변화로 거의 2400만 명의 인구가 보금자리인 집을 떠났다는 정보는 다음 사이트에서 확인할 수 있다.
https://www.internal-displacement.org/global-report/grid2020/
· 향후 50년 이내에 10억에서 30억 명의 사람들이 주거에 부적합한 지역에서 생활할 수 있다는 정보는 다음 사이트에서 확인할 수 있다.
https://www.pnas.org/content/117/21/11350
· 2050년까지 2억 명의 사람들이 기후 난민이 될 위험성이 있다는 정보가 담긴 연구는 다음 사이트에서 찾을 수 있다.

https://www.jstor.org/stable/3066769?seq=1
- 2050년까지 12억 명의 사람들이 기후 난민이 될 수 있다는 정보가 담긴 보고서는 다음 사이트에서 찾을 수 있다.

http://www.visionofhumanity.org/wp-content/uploads/2020/10/ETR_2020_web-1.pdf
- 기후 난민에 대한 다른 정보는 다음 사이트에서 찾을 수 있다.

https://www.svd.se/dodshettan-redan-har--driver-manniskor-pa-flykt

태풍의 눈 속에서
- 에리카 체노웨스의 연구에 대한 논평 기사는 다음 사이트에서 찾을 수 있다.

https://www.bbc.com/future/article/20190513-it-only-takes-35-of-people-to-change-the-world

집으로 가는 길
- COP25 기간 중에 어느 나라가 제동을 걸었는지에 대한 정보는 다음 사이트에서 확인할 수 있다.

https://www.dn.se/nyheter/varlden/klimatmotet-hettar-till-tre-lander-pekas-ut/
- 그레타를 둘러싼 음모론에 관한 정보는 다음 사이트에서 확인할 수 있다.

https://factcheck.afp.com/greta-thunberg-target-disinformation-around-world

https://www.reuters.com/article/uk-factcheck-greta-thunberg-chopsticks-idUSKBN22P2PV

https://www.polygraph.info/a/greta-thunberg-russia-investigation/30224037.html

위기를 진짜 위기로 받아들여야 한다
- IPBES의 《#팬데믹 보고서: '팬데믹 시대' 탈출》은 다음 사이트에서 찾을 수 있다.
  https://ipbes.net/sites/default/files/2020-12/IPBES%20Pandemics%20Report%20Media%20Release.pdf
- 지카 바이러스와 뎅기열에 관한 정보는 다음 사이트에서 확인할 수 있다.
  https://www.svd.se/global-uppvarmning-orsakar-livsfarliga-sjukdomsutbrott
- 팬데믹 기간에 탄소 배출량의 일시적인 감소에 관한 정보는 다음 사이트에서 확인할 수 있다.
  https://yle.fi/uutiset/osasto/news/wmo_secretary-general_covid-related_dip_in_emissions_now_over/11611899
  https://ipbes.net/sites/default/files/2020-11/201104_IPBES_Workshop_on_Diversity_and_Pandemics_Executive_Summary_Digital_Version.pdf

이것이 끝일까
- 스웨덴의 기후 목표에 관한 정보는 다음 사이트에서 확인할 수 있다.
  https://www.naturvardsverket.se/Miljoarbete-i-samhallet/Miljoarbete-i-Sverige/Uppdelat-efter-omrade/Klimat/Sveriges-klimatlag-och-klimatpolitiska-ramverk/
- 탄소 배출량의 절반 이상이 1988년 이후에 만들어졌다는 정보는 다음 사이트에서 확인할 수 있다.
  https://ieep.eu/news/more-than-half-of-all-co2-emissions-since-1751-emitted-in-the-last-30-years

- 현재 스웨덴 기후 정책이 2045년까지 탄소 중립 목표의 절반쯤에 도달할 거라는 정보는 다음 사이트에서 확인할 수 있다.
  https://www.naturvardsverket.se/upload/miljoarbete-i-samhallet/miljoarbete-i-sverige/regeringsuppdrag/2020/Naturvardsverkets-underlag-for-klimatredovisning-enligt-klimatlagen.pdf

에필로그
- 기후 변화로 인해 허리케인이 점점 더 강해지고 있다는 정보는 다음 사이트에서 찾을 수 있다.
  https://www.nature.com/articles/s41586-020-2867-7

기타 참고 자료
- 파리협정
  https://unfccc.int/files/essential_background/convention/application/pdf/english_paris_agreement.pdf
- IPCC의 〈1.5도 지구온난화에 관한 특별보고서〉
  https://www.ipcc.ch/sr15/download/

그레타 툰베리: 소녀는 어떻게 환경운동가가 되었나?

초판 1쇄 펴낸날 2023년 7월 27일

글	알렉산드라 우리스만 오토
사진	로저 튜레손
옮긴이	신현승

편집장	한해숙
편집	신경아, 정인화
디자인	최성수, 이이환
마케팅	박영준, 한지훈
홍보	정보영, 박소현
영업관리	김효순

펴낸이	조은희
펴낸곳	주식회사 한솔수북
출판등록	제2013-000276호
주소	03996 서울시 마포구 월드컵로 96 영훈빌딩 5층
전화	편집 02-2001-5822 영업 02-2001-5828
팩스	0303-3440-0108
전자우편	isoobook@eduhansol.co.kr
블로그	blog.naver.com/hsoobook
페이스북	chaekdam
인스타그램	chaekdam

ISBN 979-11-92686-63-9

큐알 코드를 찍어서
독자 참여 신청을 하시면
선물을 보내 드립니다.

책담 다른 내일을 만드는 상상

PRINTED WITH
SOY INK